「地区の家」と「屋根のある広場」

イタリア発・公共建築のつくりかた

小篠隆生
小松尚
共著

鹿島出版会

「地区の家」と「屋根のある広場」
イタリア発・公共建築のつくりかた
目次

CASA DEL QUARTIERE

第 1 部

市民がつくる、みんなの場所
「地区の家」

14

「地区の家」とは、住民自身が自分たちの地区のために
何かすることのできる場所である。
(……そしてその) 最終的な目標は
住民同士の間の人間関係をケアすることだ

——アンドレア・ボッコ

第 1 章
地域の"透明な場所"をつくる
カッシーナ・ロッカフランカ

第2章
マルチエスニックの拠点として
サンサルヴァリオ

42

第 3 章
経験を活かし新たな展開へ
ラボラトリ・ディ・バリエーラ

PIAZZA COPERTA

第 2 部

知と市民をつなぐ「屋根のある広場」

図書館は、かつてのように、それなりの能力を持った人間に
役に立つエリート的な場所ではない。
……従って、パブリックライブラリーの将来は、
もう読書のためのマテリアル（書物）に関わる場所ではなく、
むしろ知識との新しい形での関係性を育み、
都市と現代人の関係を強化するための公共空間なのである

——アントネッラ・アンニョリ

第1章
市民の場所、そして文化の拠点をつくる
ボローニャ市立サラボルサ図書館
112

第 2 章
"本が迫ってこない"
公共図書館
チニゼッロ・バルサモ市立図書館

140

第 3 章
知と市民をつなぐ拠点(ハブ)づくり
セッティモ・トリネーゼ市立図書館
164

詳細目次

はじめに　2

第1部　市民がつくる、みんなの場所「地区の家」　14

第1章　地域の"透明な場所"をつくる　16
カッシーナ・ロッカフランカ

第2章　マルチエスニックの拠点として　42
サンサルヴァリオ

第3章　経験を活かし新たな展開へ　66
ラボラトリ・ディ・バリエーラ

「地区の家」から学ぶ　92
[寄稿]みんなの場所をつくる意義／アンドレア・ボッコ　106

第2部　知と市民をつなぐ「屋根のある広場」　110

第1章　市民の場所、そして文化の拠点をつくる　112
ボローニャ市立サラボルサ図書館

第2章　"本が迫ってこない"公共図書館　140
チニゼッロ・バルサモ市立図書館

第3章　知と市民をつなぐ拠点（ハブ）づくり　164
セッティモ・トリネーゼ市立図書館

「屋根のある広場」に学ぶ　190
[寄稿]新しい社会の鏡としての図書館／アントネッラ・アンニョリ　206

おわりに　210
謝辞　215
参考文献　216
プロフィール　218

[凡例]
・図版名の（　）内に記した細字は出典を表す。
・断りのない写真については共著者の撮影による。
・イタリアの地名は、できるだけ現地の発音に近い表記とした。

「地区の家」と
「屋根のある広場」

イタリア発・公共建築のつくりかた

はじめに

建築が市民や住民を再びつなぐために

　世界一の少子高齢化や人口減少が進む日本の地域社会では、独居高齢者の増加や子育て世代の孤立などによる社会の断片化や、かつては世代間で共有されていた地域の財産とも言える絆や文化風習、またそれを確認できる機会や場所の喪失が、静かにしかし着実に進んでいる。NHKが2010年に制作、放映したドキュメンタリー番組のタイトルである「無縁社会」という社会状況は、今や特殊な場所や地域についてのことではなく、日本全国で共通の現象になってきている。その翌年の2011年に発生した東日本大震災では、テレビに映し出された東北の被災者の冷静で互いを思いやる行動は国内外の賞賛を得たが、それを見た人は、同時に自分自身や自分が住む街で同じことができるだろうかと自問自答をしたに違いない。しかし、その被災地ですら地域コミュニティの衰退は著しく、それが復興が遅々として進まないひとつの要因にもなっている。東北地方に限らず、高齢化により自治会・町内会の担い手がおらず、活動がままならないため、地域の重要な行事や祭りの存続が危ぶまれるなど、地域コミュニティの存続の危機に関する話題は、枚挙にいとまがない。こうした事態に対して行政は、財源が縮減しつつある中で、かつてのように社会的課題に積極的かつ主導的に対応することは困難になってきている。

　まちづくりを主導する行政の力や存在が相対的に低下する反面、市民社会の実現に向けた分権化や新しい公への動きは、年々活発になっている。1998年の特定非営利活動促進法の成立に伴って、さまざまなタイプのNPOが住民や市民に寄り添った支援活動を行っている。また、市民ベースの活動が間近に見える場所として、いわゆる「コミュニティ・カフェ」が2000年頃から全国各地で生まれ、さらに近年では子どもに栄養バランス

の良い食事を提供するとともに、仲間や大人と時間を過ごすことができる「子ども食堂」が各地に生まれている。東日本大震災の被災地でも、建築家・伊東豊雄氏が被災した住民が集まって話をしたり、食事ができる小さな木造の寄り合い所として「みんなの家」をつくった。このプロジェクトは、家族や住まいを失う極限の状況でも、被災地の人々が緊急的・応急的に集まって暖をとること以上に、人々が集まるという基本的な営みを誰もが求めていることへの再確認を私たちに促した。

　公共建築でもこうした動きに同調するような取り組みが少しずつ始まっている。例えば、地域のシンボルであった小中学校を改築する際に、小学校機能に加えて防災・減災やスポーツ活動、文化・芸術活動の拠点として、また生涯学習やコミュニティ活動の拠点として、さらには新たなまちづくり活動の拠り所として見直し、学校教育の支援とともに、地域住民の活動拠点として整備された事例を北海道の東川町を好事例として確認できる。また公共図書館は、これまでは主に図書の閲覧や貸出、図書を利用した学習が行われる場所であったが、さまざまな市民の利用に応え、また市民も自らの意思や目的に基づいて情報に触れ、知や文化を発見・創造する時間や機会を楽しむ「滞在型」図書館への再編が始まっている。どちらも、人口減少社会において公共建築も量的には縮減せざるをえない中で、今日的なニーズに応じるために質的な再編を伴いながら充実させていこうとする、公共建築計画の今日的な方向性の中にあると言えよう。

イタリア社会の今

　このような日本の状況を頭に置きながら、イタリアに目を向けてみる。イタリアというと、ローマ時代から続く歴史と芸術文化の国、美味しい料理とワインの国、最近ではスローフード発祥の国、といったあたりが私達日本人にとっての一般的なイメージであろう。しかしその社会の現状は多難なものである。日本に続きドイツと並ぶ世界第2位の高齢社会であり、近年では移民の増加などに起因する社会的な分断や軋轢が、周辺のヨーロッパ諸国同様、大きな社会問題になっている。経済面でも、イタリアは欧州連合（EU）の中でも財政状況が厳しく、莫大な累積債務を背負っている

状態である。よって、失業率も高く、若者においては40％に達する。頼りたくなる行政にその社会問題の解決を求めても、満足な成果は期待しづらい状況にある。

　しかし、このような社会状況の中で、社会的協同組合[1]やアソシエーションなどの社会的活動を目的とした市民組織が数多く立ち上がり、さまざまな社会課題に取り組んでいる。中には、市民が直面する課題に対し、市民組織が発意者となって地域コミュニティの拠点（ハブ）となる場所を構築し、それだけでなく実際の運営主体も担うプロジェクトも見られる。本書で取り扱う、地区が抱える社会的課題の解決と地区の環境の質の向上のために市民組織が主体的に取り組む活動拠点であるトリノの「地区の家」（Casa del Quartiere）はそのひとつである。筆者らが調査した複数の「地区の家」から見えてくる共通点は、地域ニーズを丁寧に掘り起こし、その課題解決を目指してそれぞれオーダーメイドの運営を行っており、その中でつくられた多様な交流とネットワーク、自発的な活動プログラムを企画・実践していく運営者とコミュニティの力である。そしてそれが、さまざまな市民を受け入れ、また市民も行きたくなる、滞在したくなる「地区の家」を創造する原動力になっているのである。

　また、多様な市民ニーズに応える公共図書館の取り組みの中にも、新たな考え方や成果が確認できる。筆者がイタリアの公共図書館に惹かれたのは、ヨーロッパで活躍するイタリア人図書館コンサルタントであり、本書206〜209ページにも寄稿頂いたアントネッラ・アンニョリ（Antonella Agnoli）氏の著書『知の広場』（萱野有美訳、みすず書房、2011年）を手に取ったのがきっかけであるが、この本の表紙にも紹介されているボローニャのサラボルサ図書館を訪れると、図書館の一般的イメージである大量の本や書棚よりも先に、さまざまな市民が思い思いに過ごしている様子がまず目に飛び込んでくる。この公共図書館が、いかにあらゆる市民にとって「行きたい」

---

[1] 社会的協同組合（Cooperativa Sociale）とは1991年に法制化された「人間発達および市民の社会統合によって、コミュニティの一般利益を追求する目的をもった協同組合」である。社会的援助が必要な人たちへ支援を目的とした活動を行う

そして「居たい」場所になり得たのかという点に強い関心を抱いたのである。

　かたや民間建築、かたや公共建築であるが、両者とも最低限の市民生活を保障するための取り組みではなく、いびつな経済発展により貧富の差が拡大し、また移民の流入などで市民の文化背景の多様化が進む中で、断片化されがちな地域社会をつなぎ留める、まさに社会包摂の実現に向けた取り組みである。それは、社会変化に伴って弱体化するコミュニティを物理的な環境要素だけでなく、非物理的要素とも連動した方策によって支援し、彼らの生活の質の向上を達成しようとする総合的視点を持った動きなのである。これは、この2つの事例に留まらず、ヨーロッパの諸都市で昨今展開される都市再生プロジェクトの重要な視点であり、また動機のひとつになっている。

機能空間と公共空間

　ところで、日本の公共建築の多くは、第2次世界大戦後の復興期とその後の高度経済成長期に建設されてきた。都市への人口流入が加速し、都市域が拡張していく際に、一定水準の生活環境を担保した居住地域を形成することの一翼を担った。その際、「個別設計」という、それぞれの立地する敷地や地域、関係者にベスト・フィットするように一から考える計画・設計方法では、加速度的に膨れあがる需要全体に応えることができない。そこで、「標準設計」という、一種のモデル・プランを用意して全国各地にほぼ一律に普及させる方法が採られた。例えば、南面した教室が廊下に沿って並ぶ学校建築の様子は、生まれ育った地域や時代を超えて、現在の日本人に共通する学校のイメージであろう。そんな学校建築の中で、全国的に統一された教育が、指導要領やカリキュラム、教科書によって、大人数の子どもたちを詰め込んだ教室で実施された。日本の戦後の高度経済成長を支える国民はこのようにして育成されたのだが、これに並行して建築学の公共建築研究者は学校関係者とともに学校教育との整合性をとりながら、このモデル・プランをいかに質の高いものとするかの検証と提案を繰り返してきた。

　公共建築には学校の他、集合住宅、病院、図書館、劇場、近年では高齢

者施設がある。これらはいずれも戦後に全国各地で大量に供給する必要があり、学校と同じくそれぞれのモデル・プランが検討された。しかし、それぞれが相互に融合することは少なく、むしろ別々に検討することで、機能の高度化と供給の効率性を重視して計画、設計、建設された。つまり、美術史家ニコラウス・ペヴスナー（Nikolaus Pevsner）の言う「ビルディング・タイプ」をベースに、経済成長期に効率よく公共建築を建設、供給することに成功してきたと言える。これには、公共建築それぞれを所管する省庁とその根拠となる法制度、そして補助金などの予算措置があることも大きく効いている。よって、この標準タイプを知っていれば、ある公共建築を街で見れば内容を知らなくとも、外観からこれは学校、あれは病院と容易に見当がつくのは自然なことである。

　その公共建築だが、今では量的に充足したものの、高度経済成長期に建設されたものは竣工後50年を経過したため、大規模な修繕もしくは建て替えの時期を迎えている。もし国や自治体の財政状況が良好で、サービス対象人口も一定に見込まれるのであれば、さらに高機能化を進める方向でそれぞれの公共建築を建て替えようという判断もあり得よう。しかし、少子高齢化を伴って人口が減少する中で、社会や市民のニーズは50年前のそれとは大きく異なっており、それにあわせて必要とされる公共建築のプログラムや空間も必然的に異なってこよう。しかし、それに対応できないでいるのが現在の多くの公共建築でもある。例えば、行政が主体的に運営する既存のコミュニティ・センターがあるのに、前述の「コミュニティ・カフェ」が街の中の民家や商店などの既存建築の空きスペースを使って市民主体で開設されていることは、それを如実に物語っている。これは単に計画・設計理論の問題だけではなく、社会制度が社会の現実に追いついていない現状の一端でもあると言える。しかしながら、どのような公共建築を今後創って行くべきかの理論的検討はまだ始まったばかりである。また財政が縮小化していく中で、既存の公共建築を総体として同数、同規模で更新することは、財政的な持続可能性を考えると現実的でなく、一定の集約化もやむを得ないであろう。このような中での公共建築や公共的な場所づくりの展望はどう描くべきなのだろうか。

ひとつの可能性の芽を示そう。それは、公共サービスとそのための空間の集約化である。つまりこれまでは一緒になることがなかった機能やサービスが同じ場所で、もしくは隣接して行われると、それまでにはなかった相互の接点が生まれることになる。そして、さまざまな市民がひとつの場所に共存することになる。偶然居合わせた隣の人の姿を見て、今の街の、地域社会のあり様を知る。うまくすると言葉を交わすことがあるかもしれない。そのような場所は、対価としてのサービスを享受する機能空間として以上に、さまざまな市民が共存し得る空間、まさに「みんなの場所」としての公共空間と言えるものであろう。これは、それまでの「ビルディング・タイプ」論に基づく金太郎飴的な公共建築ではなく、立地する地域や敷地の特性、住民・市民の今日的なニーズに応えた公共建築と言えるだろう。

　日本でもこのような整備計画の方向性や場所性を備えた公共建築が、少しずつだが確認できる。例えば、東京都武蔵野市、JR中央線の武蔵境駅前に立つ「武蔵野プレイス」（設計：kw+hg architects、2011 年）や岐阜市の「ぎふメディアコスモス」（設計：伊東豊雄建築設計事務所、2015 年）はこれまでの公共図書館とは一線を画するものである。前者は「ルーム」と呼ばれるヒューマンスケールの空間の集積で構成された図書館、後者は 2 階の図書館はうねる木格子の大屋根と柔らかく差し込む自然光で包みこまれるワンルーム・タイプで構成され、 1 階は市民参画の場である市民活動交流センターと多文化交流プラザが入る複合建築である。ともに日常の居場所を求めて市民が日々、多数来館している。さらにこの両者に共通するのは、市民協働をベースにした計画や運営が、図書館という公共建築が市民にとっての居場所として認識され、活用されることを促し、またそれが活き活きした公共図書館の実現になくてはならないものとなっていることである。

公共建築の今

　しかし、私たち日本人には公共建築イコール行政のものという観念が強く、行政に言えば何とかしてくれる、何とかしてくれなくては困るという考え方は未だに根強い。確かに前述した高度経済成長期に潤沢な税収を基に、何もない一帯を居住地とするために公共建築を建設していく時には、

行政がその推進役となって前述の「ビルディング・タイプ」ごとに公共建築を供給していく方法が有効に機能した。しかし現在求められている公共建築は、できあがった居住地の中で老朽化だけでなく、今日的な市民や地域社会のニーズに地域特性をふまえながらフィットさせるというきめ細やかな対応により計画、設計、建設されたものである。これは、結果的には地域ごとに異なった公共建築を個別解的につくることになるが、このアプローチは市民への平等な対応を是とする行政が最も苦手とするところである。

　日本でも公共建築を市民主導で考え、創り出していく動きは1980年代にその萌芽が見られ、2000年頃からは各地で進み始めた。ワークショップ形式などで立場を超えた議論を重ね、本当に必要な公共建築は何かを探求する動きは、時間はかかるかもしれないが、新たな建物が生まれるだけでなく、関わった住民や市民、支援者、行政などの間に新たな連帯意識や当事者意識を生み出す。そして、住民や市民にとって建物の完成はゴールではなく、新たな、そして本当の意味でのスタートであり、どのような運営が市民のニーズに応えることになるのか、そしてそれをどのように運営していくのかという議論と実践がさらに繰り返される。当然、試行錯誤もあろう。しかし、与えられるのではなく、公共建築を自らの手と知恵でつくり、育てることが、本当にこれからの社会に必要となる公共建築のつくり方ではないかと、筆者は考える。しかしそうなると、現行の社会制度によって設置されたいわゆる公共建築だけが公共建築であろうかという疑問も沸いてくる。

　そこで本書では、制度的な枠組みからではなく、社会や市民のニーズと多彩な主体の参画を基にして育まれる建築が、結果的にすべての人々のための建築、すなわち公共建築であることを、改めて確認し、また考えたい。制度や行政、または管理者の論理が優先される建築に対して、上記のような特性を有した、換言すれば、ユルゲン・ハーバーマス氏（Jürgen Habermas）が言う「市民的公共性」を体現するような建築。すべての市民に対して開かれているという、公共性がもともと備える特性をより豊かに実現する建築。こう考えると、社会制度に裏打ちされた公共図書館だけでなく、社会課題の解決に向けた市民の発意による草の根的活動の拠点である「地区の家」の

ような建築も、十分に公共建築であると言えるし、またそこに今日的な意義がある。

そうなると、公共建築の「公共」の意味や今日的状況を確認しておく必要があろう。「公共」そのものを問うことは筆者の能力を超えるので、齋藤純一氏が整理した公共性の特性を参照しながら考えたい。齋藤氏によると、公共性とはOfficial、Common、Openという3つの側面を備えている[2]。Officialは制度的な側面、Commonは共通の関心という側面、Openは誰に対しても物理的にも社会的にも開かれているという側面である。

この捉え方を基に、日本の公共空間について考えてみる。この公共空間には、公共建築だけでなく公園のようなオープンスペースも含まれるが、日本では公共空間は行政によって管理されている場所＝Officialの場所だから、そこでの振る舞いは制限されて当然と考えている人が少なくない。例えば、日本の公園や公共建築には禁止事項を書き並べた張り紙が目に付くが、それに文句を言う人は少ない。これほどに、日本で公共空間＝Officialの場所という観念は強い。

では、公共空間は行政がその使い方までを指図する空間ではなく、私たち市民が関心を寄せ、実際に行ってみたくなる場所、いわばCommonとOpenの性格を色濃く有した「みんなの場所」と考えてみるとどうか。公共空間の見え方はずいぶん変わるはずだ。しかし私有空間が豊かであれば「みんなの場所」の充実は不要と考える人がいるかもしれないが、それは都市の私物化が進んだ経済成長期の発想であろう。実際、経済が安定化し、少子高齢化や人口減少が進むわが国の地域社会は、CommonとOpenな性格をもった「みんなの場所」が不可欠な状況にあると言わざるを得ない程、市民の孤立化は進んでいる。冒頭で述べた「無縁社会」はその実態のひとつであるが、2005年のOECDによる調査では、日本は家族以外の人と社交のためにまったく、またはめったに付き合わない人の比率が15.3％とOECD諸国の中で最も高い。さらに、近年のコミュニティ・デザインへの関心の高まりは、断片化や衰退が進む地域コミュニティを再生、再構築した

2　齋藤純一『公共性』岩波書店、2000年

いという、専門家だけでなくそこに関わる市民も含めた強い思いの現れと読み取れよう。

　「みんなの場所」の必要性は、社会が危機的な状況に陥った時にはより顕在化する。東日本大震災において被災者同士の失われかけた絆を再生しようと、建築家・伊東豊雄氏は「みんなの家」を建設したが、第1部で紹介するトリノの「地区の家」も、経済の疲弊や格差、文化的軋轢、そして治安の悪化という地域コミュニティの衰退という危機的状況の打開策のひとつとして開設された。筆者が「地区の家」に注目したのも、まさに「地区の家」の「みんなの場所」としての姿であり、その生成の方法と過程なのである。

　このように公共建築を考え、またつくるためには、まず現在のいわゆる公共建築を成り立たせている枠組み、例えば制度や行政機構、予算体系などを再編するための検討を行うべきだと主張する向きもあるだろう。しかし、私たちが今まず取り組むべきことは、今日の公共建築を取り巻く状況を十分理解した上で、発想や固定観念の見直しや転換も伴いながら、これからの公共建築には何が求められ、何が享受できるのか、そしてそれを実現するためには何をしなくてはならないのかを、市民や住民そして公共建築の発注者や管理・運営者と共有することが重要だと考える。そのために、本書が取り上げるイタリアの事例をさまざまな視点から吟味し、読者とともに学びたい。

　またこの問題意識や視点は、これからは既存建築の利活用が重要な課題になるという、建築・都市そして社会の方向性とも深く関係する。これは公共建築、民間建築どちらにもあてはまるが、既存建築の利活用には、単に新築よりも経済的に有利であるという理由だけでなく、場所や時代の記録と記憶の継承、立地の優位性の活用、空間ボリュームの大幅な改変の回避など、新築の建物では得がたい魅力や可能性がある。このような既存建築の魅力を発見し、共有し、伝え育てるのは、行政や専門家ではなく、そこに関わる住民や市民が取り組んでこそ、共感を得て、継承が可能になる。既存の建築や場所の持つ意味や価値は、それに直接関わる住民や市民がいちばんよく知っているのである。

　さらに、住民や市民と長い時間をかけて関わり合いながら公共建築を育

んでいくためには、行政や建築実務の専門家、研究者の役割も当然、大きく変わってこよう。これに合わせて、建築教育や公共建築研究のあり方も、これまでの新築で建てる建築の計画・デザインから、既存建築の活用や事業計画から運営までを射程に入れたものに変わっていく必要があろう。その意味で、近年各地で繰り広げられている「リノベーション・スクール」と称する学習と実践を両立させた取り組みはその嚆矢であるが、これからの公共建築をつくるために、その担い手となる建築家や計画関係者の職能像や職域の再考を求められるのは想像に難くない。

「地区の家」と「屋根のある広場」、そしてプロジェッティスタ

　このような問題意識をもって、本書ではイタリアの「地区の家」と「屋根のある広場」という、異なる2つのタイプの公共建築の空間、活動（サービス）、運営体制とその生成プロセス、そしてそれらがつくられた都市・地区の再生や再整備における位置付けなどに着目し、筆者らが2014〜2018年に行った現地での関係者へのヒアリングや実地調査の結果に基づいて、市民目線で生み出されたイタリアの公共的な建築のエッセンスを紡ぎ出したい。なお、本書のタイトルについて、「公共図書館」ではなく「屋根のある広場」を使用したのは、本書で紹介する3つの図書館の運営者が自らの図書館のことを「屋根のある広場」と例えて話されたことがきっかけであるが、公共空間の代表である広場に屋根が架かるという言葉が、新たな公共建築としての役割とあり方を示唆していると感じるためでもある。

　「地区の家」では徒歩圏の住民・市民を対象に、日々の生活に根ざしたさまざまな提供メニューや運営が、空間とセットで実現している。「屋根のある広場」では市内外から広く来館する市民が求める情報を、さまざまな媒体や活動を通して提供する場所として、活き活きと使われている。日本では、小中学校の学区という徒歩圏内に設置する公共建築とそれ以上の広域の利用圏で考える公共建築では、計画の考え方が異なるので、両者を相補的に読み解いていくことで得られる点も多いだろう。

　両者の提供サービスやサービス圏域、活動プログラムの内容、運営主体などは異なるものの、共通して、市民や住民が必要とする「コト」を共通点

に据え、それに関わる空間、活動（サービス）、運営体制、そしてプロセスを多様な主体と共創的につくり、そして時間とともに育てることで、多くの市民や住民にとって日常の居場所となり得るような公共建築を実現させている要因について注視していきたい。そこには、わが国のいわゆる公共建築にはなかなか見ることができないが、市民自らがサービスを享受し、活動に参加するだけでなくその運営も行う、もしくは支援する立場や役割を担うという、まさに公共建築として成立するための要件が見て取れるのと同時に、単体の建築計画ではなく、総合的な地域再生を目指す文脈の中における公共建築の役割を確認することになろう。

　ここで、日本におけるこれからの公共建築の創造と展開に向けて最後にもうひとつ、プロジェッタツィオーネ（Progettazione）という言葉を紹介しておきたい。筆者のイタリア現地調査をさまざまサポートしてくれた演出家であり、本書の寄稿の翻訳を行っていただいた多木陽介氏によると、プロジェッタツィオーネとは「プロジェクトを考え、実践する」という意味をもち、第2次世界大戦後、イタリアにデザインという用語が定着するまではこの言葉が使われていた。しかし、現在では残念ながらほぼ死語になっているという。プロジェッタツィオーネとは、現代の消費社会の中では、ともすると視覚的もしくは表層的な操作に陥っている「デザイン」とは異なり、ある対象の本来あるべき姿について、社会性や倫理性、自律性、持続性などからの再考と統合を追求し、その結果として私たちの生活そのものの質を高め、持続させるための創造行為を指す言葉である。よって、必ずしもモノの創造に限定されず、また現在だけでなく過去や将来をも見据えた多元的な統合行為であり、一般的な「デザイン」がカバーする範囲よりもずっと広い。そして、このような仕事を担い得る者はプロジェッティスタ（Progettista）と呼ばれる。スチールのアーチで懸垂する姿が美しいペンダント・ランプ「アルコ」が代表作であるアキッレ・カスティリオーニ（Achille Castiglioni）は、照明器具に留まらず建築、都市までを手がけているが、彼の取り組みはプロジェッティスタとして評されている[3]。

3　多木陽介『アキッレ・カスティリオーニ——自由の探求としてのデザイン』アクシス、2007年

本書が扱う「地区の家」と、「屋根のある広場」としての公共図書館が「みんなの場所」になり得ているのは、単に建築や活動プログラムのデザインではなく、各々の現場のプロジェッティスタたちが建築、活動、体制などを統合的に、それも過去から現在、そして未来への継承性や持続性を追求した結果であり、まさに今日的なプロジェッタツィオーネの優れた産物として「みんなの場所」を生み出しているのではないか。その具体的な姿は、本書を読み進めながら、読者のみなさんと確認していきたい。

第 1 部

市民がつくる、みんなの場所
「地区の家」

第1章

地域の"透明な場所"をつくる

カッシーナ・ロッカフランカ

　古くから暮らす住民と新たに入ってきた移民との軋轢など、社会的課題を抱える地区のコミュニティ再生を目指した地区住民の活動拠点をつくろうとする試みである「地区の家」。その空間づくりや運営の仕方は、その地区の事情と成立のプロセスに応じてバリエーションに富んでいる。その建築も、既存の公共施設や民間建築の改修や増築を行ったものや地域の歴史的建造物の再利用などさまざまである。運営主体も行政、市民団体、NPOさらには、共同出資の財団など多岐に及ぶ。ここでは、まず最も大規模で充実したプログラムを持つ「地区の家」であるカッシーナ・ロッカフランカ（Cascina Roccafranca）について見ていこう。

「地区の家」は元農家の廃屋

　トリノ市の中心部よりトラムで南へ向かい、20分ほどでミラフィオーリ・ノルド地区（Mirafiori Nord）に着く（図1）。ここは、1939年に操業を開始したフィアット（現在のフィアット・クライスラー社）の巨大なミラフィオーリ工場がある場所で、その周辺には、労働者用の集合住宅や低所得者用の公

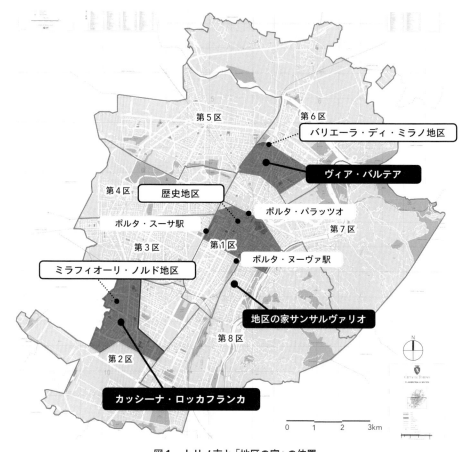

図1　トリノ市と「地区の家」の位置
（www.comune.torino.it/geoportale/ser_professionali_3.htm を筆者加工）

営住宅、さらには一般住宅地が巨大な工場用地を取り巻いている。トリノ市は市を8つの区に区分しているが、この地区は市の最南部にあたる第2区にあり、工場より南側はミラフィオーリ・スッド（Mirafiori Sud）地区を経て市境になる。第2区全体の人口は約137,000人であるが、ミラフィオーリ・ノルド地区は人口が約90,000人と、第2区の中でも人口が集積する地区である。

　「地区の家」であるカッシーナ・ロッカフランカ（以下、ロッカフランカ）は、ミラフィオーリ・ノルド地区の大通りから少し中に入った住宅地にある。建

写真1　ロッカフランカの改修前後の様子

（トリノ市URBAN IIのパンフレット www.comune.torino.it/urban2/download/newletter/urban2_07_mag.pdf）

写真2 ロッカフランカの正面エントランス
(写真手前のガラス張りのところがエントランスで増築部分、正面が旧馬小屋部分、奥が旧母屋部分)

物内部のギャラリーに、昔の周辺の様子を写した市民の写真と、まったく同じ角度から地元新聞社のカメラマンが撮った写真が並べられていたが、この地区はフィアットの工場ができる前は農村で、農家の畑、牧場が広がる長閑な地区であった。それが、工場ができるとみるみるうちに労働者用集合住宅などが建てられ、市街地化していった。農業が中心だった地区に20世紀の工業化の波が一気に押し寄せた格好だ。展示された写真には、牛がいる横に集合住宅が建てられているものがあり、急激な工業化、市街化の様子が映し出されている。

　ロッカフランカのエントランスに立つと、明らかに古い建物を再生した部分とそれに新しく増築した部分が見てとれる (写真1、2)。この古い建物だった部分が、地区にひとつだけ残った農家 (Cascina) の廃屋だったのだ。建物は1980年までは農家として使われていたようだが、その後は廃屋に

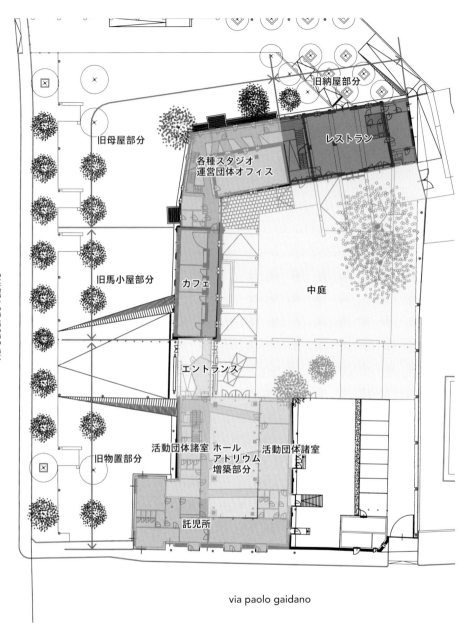

図2　ロッカフランカの改修後平面図
（トリノ市URBAN IIのウェブサイト www.comune.torino.it/urban2/cascinaroccafranca/struttura.html を筆者加工）

写真3　旧物置部分のホール　　　　　　　写真4　ホールは交流スペースにもなる

なり、治安上も問題がある場所になってしまった。その建物を改修して「地区の家」として地域の人々の拠点にしようとする意思は、この地区のアイデンティティは自動車工場がやって来る前にあるという、地域の人々の意識の表れであることに気づかされる。

異なる5つのリノベーション

　ロッカフランカは、17世紀に建設された農家を改修、増築したもので、建築の延床面積は約2,500m^2。大きく旧物置部分、旧馬小屋部分、旧母屋部分、旧納屋部分の4つと、それらに囲まれた中庭に分けられる（図2）。

　旧物置部分はほとんど解体され、エントランス部分の外壁をガラスのカーテンウォール、その他も金属パネルの外壁を施した鉄骨造とし、太陽光発電パネルが組み込まれているガラス天井の2層吹き抜けを挟み込んだ空間構成をとっている（写真3）。しかし、それ以外の主構造は既存の木造と煉瓦の組積造をそのまま使い、昔の農家建築の外観を最大限に活かした修復をしている。特に旧馬小屋部分と旧母屋部分は、外壁の構造体を含めて残せる部分は残しているが、その中に鉄骨で3層の床をつくり、そこを講座や集会を行うための空間としている。

　旧物置部分の1階にはエントランスホール、受付、2層吹き抜けの100人以上収容可能なホールがある。ホールは、講演、演劇、イベントなどに使用され、普段は講座の参加者や来館者が交流できるスペースとして利用

写真5　託児所（1階）　　　　　　　　写真6　配置された活動室（2階）

されている（写真4）。また吹き抜けの周りを囲むように1階から2階にかけて、体育室、託児所（写真5）、子育て支援施設、市民団体などに貸し出される活動室や起業支援オフィスが配置されている（写真6）。これらは、自分たちの活動を積極的に展開したり、地区の人々に対して必要なサービスを提供するスペースであるが、特定の組織が占有できないようにしている。演劇、映画などの文化活動、ヨガ、体操などの体育活動や女性問題などの社会活動など、ここを使って活動する団体は全部で70グループぐらい存在する。その大半はこの地区の住民グループであるが、トリノ市内の他の地区から利用しに来るグループもある。

　活動室の中には、ある特定の市民活動を支援するための部屋がある。ドアには「意識ある消費をするための工房（Bottega Consumo Consapevole）」という看板がかかっている。この部屋は、有機栽培した野菜、果物、有機栽培飼料で育てられた牛の乳からつくられたチーズや、有機栽培原料や昔ながらの製法にこだわったパン、無農薬の飼料を使った家畜の肉などを直接生産者から共同購入するグループ（GAS: Gruppo di acquisto solidale：ここのGASには150家族が参加）がオフィスとして使っている。その他環境に関連するイベントを企画したり、環境に配慮した地域を巡る旅行を主催するグループなど、複数の団体の活動拠点となっている。

　旧馬小屋部分は、1階に誰でも立ち寄ることができるカフェがあり、2階には教室・ワークショップができる部屋、相談室、ライブラリーがある

写真7　教室・ワークショップの様子

写真8　多目的スペースでの会合

(写真7)。ここは、各種講座が盛んに行われる利用率の高い空間である。絵画、陶芸、手芸など多彩な内容で、週に100コマ程度の講座が実施されている。隣には、写真、コンピュータ、語学などの教室もあり、廊下を通りかかる人からも中の様子が見えるようにガラス張りになっている。これは、活動に参加している人々と、参加していない人とのバリアを取り除き、そこで来館者同士のコミュニケーションを生み出そうとする仕掛けである。筆者らも中の様子を眺めていたら、講座を主宰する講師の方から挨拶され、自分たちのやっていることを紹介してくれた。このような参加に発展するきっかけが起きるような空間づくりになっているのである。それは、古い建物の外観からは想像もつかないものである。

　旧母屋部分は、建物の中でも最も古い部分である。外観を極力保存しながら、内部は3層の床を持つ空間に改修された。ロッカフランカ設立に向けて検討された当初のプログラムを実施する機能が配置されており、1階はダンス、演劇のレッスンを行うためのスタジオとエコミュージアム活動室、2階が運営団体のオフィスとスタジオ、3階部分にラジオ局、起業オフィスがある。エコミュージアム活動とは、地域の環境改善運動を行うために、周辺の自然や建築物、人や活動などの資源の価値を情報発信することで、地域の人々に自分たちの地域の価値やアイデンティティを再発見してもらう活動である。

　旧納屋部分には、誰でも利用できるレストランが1階にあり、会議、シ

写真9、10　コの字型に建物が囲む中庭

ンポジウム、パーティなど多彩なニーズに対応した多目的室が2階にある（写真8）。こちらも古い建物の組積造の煉瓦壁やアーチ、木造の床などを極力残しながら建築の時間的痕跡や記憶を留めた改修デザインが行われている。しかし、同時にロッカフランカがつくった活動プログラムを十分に展開するのに必要な機能が満たされた空間となっている。

　さらに忘れてならないのは、中庭である。樹齢200年の樹木が残され、ロッカフランカが農家だった時代の雰囲気を伝えている中庭は、内部空間とともに多様な活動を受け入れる重要な場所となっている。中庭はコの字型をした建築に囲まれ、エントランスやカフェ、レストラン、ホールそれぞれから直接出入りできる配置になっている（写真9、10）。毎年6月初旬から7月中旬までは中庭に舞台が設えられ、演劇・音楽・ダンスなど毎回200〜300人が集まるイベントやフェスティバルが頻繁に開催される。また、中庭の一隅にはミネラルウォーターのサービスマシンがあり、1リットル5セントで買うことができ、夏場などには行列ができる。これらの空間構成や活動は、普段はロッカフランカの活動には直接参加していない人でも気軽にイベントにやって来たり、立ち寄ったりするきっかけをつくり出しており、ロッカフランカが建築の内部空間だけでなく外部空間も地域の人々にとっての公共空間として意識されるように、綿密に計画された意図を読み取ることができる。

　中庭形式の空間構成は、ロッカフランカの管理・運営にも有用な点があ

る。ロッカフランカはオープンな空間構成をとり、地区の人々へのアクセシビリティを高めることを重視している。しかし、これは同時に相反する問題として、防犯上、安全上の課題が生じる。ロッカフランカでは本当に誰が入ってきてもよいように管理されているが、今までに防犯・安全上の問題が生じたことはないそうである。そこに中庭形式の空間構成が作用していると考えられる。中庭に対して、カフェやレストランという常に誰かがいる場所が面しており、そのことが不審者が入りにくい状態をつくり上げている。このような機能の配置と空間の構成も、多様さを許容することを担保するための重要な要素のひとつである。

　来館者は、週に3,000～3,500人で、平日は8時30分～23時30分まで開館している。土曜日は18時30分で閉館し、日曜日は、パーティやお祭りなどのイベントが入っていれば開館するが、基本的には閉館する。閉館日については、地区の人が使いたいと要望すれば、使用料を徴収して賃貸している。

EUの都市再生プログラムとの連動

　ロッカフランカの開設には、EUの資金がその推進力になっており、この点は後で紹介する2つの「地区の家」とは大きく異なる。
　EUは加盟各国に拡がっていた経済的、社会的、物理的に疲弊した地区を再生するために、2001年にURBAN IIという都市再生を行うための基金を創設した。URBAN IIは、空間整備、経済・雇用の活性化、文化・社会的再生の3つの目的をもった都市再生のための支援資金である。トリノ市は第2区のミラフィオーリ・ノルド地区をターゲットとしてこのURBAN IIに申請し、採択されたが、ミラフィオーリ・ノルド地区の中でURBAN II関連のプロジェクトが約40件あった。そのひとつがロッカフランカの創設であり、市がURBAN IIに申請した時にロッカフランカの設立に向けた動きが始まった。具体的には、①劣悪化していた場所が改修され魅力的な場所になること、②ロッカフランカという地区の生活・文化を支援するまったく新しい施設を運営・経営することによって新たな雇用が生まれる

こと、そして、③この地区の人々が新たな社会的な関係を生み出すような活動の拠点となることの3点が、URBAN IIの空間、経済・雇用、文化・社会再生の3つと合致したため、採択につながったのである。

　一般に都市計画やまちづくりの中で人々の生活を向上させようとする事業は、多くの場合、例えば公園をつくるなどといった目に見える物理的な事業となることが多い。しかし、ここではロッカフランカという拠点を整備することが目に見える事業であると同時に、拠点での活動が展開されれば、それが結果的に生活の質も向上させるという、非物理的な効果が期待されたのである。また、私たちがインタビューをしたロッカフランカの館長のレナート・ベルガミン氏（Renato Bergamin）は、このURBAN II採択以前からこの地域の改善に従事していたトリノ市の職員であった。そして、採択を機会にロッカフランカ・プロジェクトの責任者になった。つまり、このような仕組みは、単なる箱物づくりの発想からは生まれない。地区のまちづくりに長年関わり、何を創り出すことが最も重要なのかがわかっていなければ、考え出すことができないものである。まさにそれが求められたのである。

　ミラフィオーリ・ノルドがURBAN IIに採択された理由には、この地区の特徴も大きく影響している。この地区は、カーザ・ポポラーレ（Casa Popolare）という経済的に困難な家庭のために行政が建てた集合住宅が多く、それらが一般の集合住宅と混在している。住民の経済的格差の存在や多様な人種などが背景にあり、コミュニティ間の社会的問題が発生しやすい地区であった。URBAN IIの地区選定には、ただ疲弊して状況がひどい地区ではなく、一般の住宅もありコミュニティが混在、多様である地区であることがひとつの重要な採択要件となっていた。EU諸国の都市では異なるタイプのコミュニティの混在が社会的問題を引き起こすことが多いことから、トリノ市のこの事例も特殊事例ではなく、他国での地区整備のモデルにもなり、その成果の普及が期待できるというEU側の考えも背景にあった。もちろん、トリノ市の中にはもっと深刻な問題を抱えている地区はあるが、上記のように双方の目的が一致し、URBAN IIに選定されたのである。URBAN IIとして支援された資金は、2002〜2006年に総額4,000

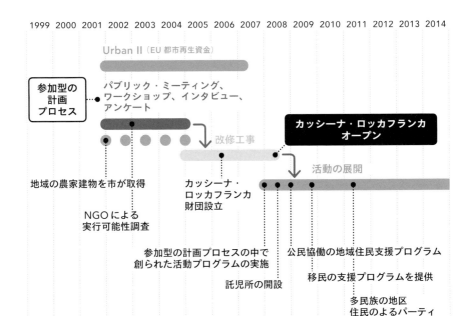

図3　ロッカフランカの設立プロセス
(ヒアリングを基に筆者作成)

万ユーロであった。

　採択後、トリノ市は2002年10月に、地域コミュニティとNPO、市民団体、その他の社会的企業、社会的協同組合などの法人組織と協働する参加型の計画プロセスの実行に着手した(図3)。貧困や移民などの社会問題の解決やソーシャルワーカーの育成などを行うためにトリノで設立されたNGOであるGruppo Abeleがその責任者となり、ロッカフランカ創設の実現可能性に関する調査が行われた。具体的には、パブリック・ミーティング、ワークショップ、各団体へのインタビュー、市民に対するアンケートを通じて、運営などの役割を担う能力、活動プログラムの企画内容などが検討され、成功の可能性ありという結果が2004年12月に報告された。その結果に基づいて、地域コミュニティと協働して運営体制や企画内容の具体的な検討が開始された。参加したメンバーは、実行可能性の調査に関わった組織・団体・個人や、地域のさまざまな活動団体、大学の教員、労働組合員、一般市民などの約70名であった。

写真11　開放的な交流スペース

「透明な場所」をつくる

　これに並行してトリノ市は、17世紀に建設され、1980年まで使われていたがその後は空き家になっていた農家とそれと付随する建物を取得し、そこを「地区の家」としての整備にすることを決定していた。一群の旧農家建築は空き家になってからは、建築自体の老朽化に加えホームレスの溜まり場となり、治安も良くない状況にあった。しかし、地区の記憶を留める場所であり、「地区の家」にふさわしい場所であるという人々の声が次第に大きくなっていった。市民や参加者たちが何をつくるか協議し、そのプロセスの中で次第に建築のイメージがはっきりしてきた。それを協働していた建築家たちに伝えて、建築の平面や立面といった空間のデザインを決めていくというプロセスをとった。この段階において、建築設計だけが先行することなくそこでの活動も同時に検討された。つまり、ハード・ソフト

写真12　活動が見渡せるアトリウム

が両輪になって進んでいったのである。

　その中で注目したい考え方のひとつに、「透明な場所」[1]をつくるというものがあった。この「透明な場所」とは、だれでも参加しやすいプログラムが用意され、さまざまな出会いによる人間関係が構築しやすい場所、という意味である。そのために、建築的にはどの場所にもガラス張りの部分が存在し、内部での活動が外に伝わるというデザインが採用された（写真11、12）。しかし、「地区の家」としての役割として最も重要な目標は、現在希薄になっているミラフィオーリ・ノルド地区のコミュニティをこの「地区の家」の

1　多木陽介氏がアキッレ・カスティリオーニのデザインの本質を「透明なデザイン」と評しているが、それにつながる概念（多木陽介「サンサルヴァリオ・モナムール　イタリア・トリノ市のサンサルヴァリオ地区における真の共同体づくり」（優しき生の耕人たち──世界の新しいパラダイムを求めて）『AXIS』、vol.138、pp.140-145、2009年4月）

活動を通じて、より強化していくことであり、それを実現するために、誰もが参加しやすく、交流できる活動プログラムをつくり出していったのである。

このような考えを実現するために建築のデザインで重視された点は、地区のアイデンティティとして旧農家建築の外観を復元することと、内部は地域のさまざまな人々のニーズを満たす活動が多様に展開でき、活動する人々の交流が起こりやすくするため、なるべく隔てのない空間構成という仕掛けを盛り込むことであった。建築デザインと活動プログラムづくりが連動し、NGOも十分に実現可能性ありとの調査報告を出したことから、2005年から2007年にかけて改修工事が行われた。

一方で、参加型の計画プロセスは引き続き継続され、「地区の家」の運営モデルとオープン後の活動プログラムの具体化が検討された。運営内容が具体化されていく中で、2006年4月にトリノ市と45の参加活動団体がそれぞれ2分の1ずつ出資するカッシーナ・ロッカフランカ財団が運営団体として設立され、2007年5月にロッカフランカはオープンした（図3）。

このように、「透明な場所」とは単に視覚的にわかりやすくするという物理的なコンセプトではない。URBAN IIでは、その目的でも明らかなように、地区に対して物理的な空間整備だけではなく、非物理的な効果も同時に求められた。「地区の家」でも地区住民に、ロッカフランカでの活動に参加する敷居をどのようにしたら下げられるのか、そして、同時にコミュニティ同士の交流の活発化を促し、弱体化した地域力を再生させるという、「地区の家」の本質的なコンセプトが「透明な場所」には込められているのである。

ロッカフランカの運営

公民協働の運営組織

ロッカフランカの運営組織の運営総括代表は4名で構成されている（図4）。トリノ市と参加活動団体の出資比率に従って、2名がトリノ市から指名され、残る2名がロッカフランカの実際の運営に関わる45の社会的協同組合

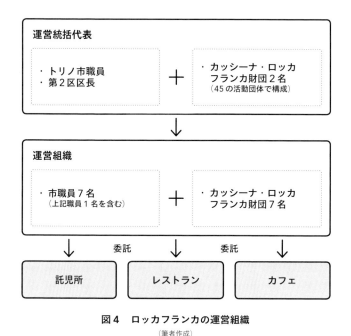

図4　ロッカフランカの運営組織
(筆者作成)

などの活動団体からなる財団から指名される。トリノ市から指名される2名は、都市再生を管轄する市の職員と第2区の区長である。前述のレナート・ベルガミン氏は、市の職員としてロッカフランカの責任者(館長)の立場を任されている。トリノ市は、EUからの都市再生補助金を受け取ってロッカフランカの建設資金を出資し、運営は市民や社会的協同組合、市民団体からなる財団が行うといった、行政と民間がお互いに責任をもち合いながら協働する公民協働のマネジメントが実施されている。

　実際の運営には、他の「地区の家」と比較しても多くの人員が配置されている。14名がロッカフランカ全体の運営やマネジメントを行う職員であるが、館長であるレナート・ベルガミン氏を含む7名が市の職員であり、残りの7名が財団の職員というようにここでも公と民が同じ人数を出し合っている。その他、託児所の運営を委託された社会的協同組合の職員が4名

写真13、14　納屋部分を改造したレストラン

いる。さらに、5名がレストランで、4名がカフェで働いている。それぞれ運営を外部委託して、家賃を支払ってもらうというやり方である（図4）。

レストランは、ランチのコースで7ユーロ、ディナーは10ユーロで満足のゆく食事ができる（写真13、14）。土・日も営業しており（日曜はランチのみ）、席数は50〜60席ほどである。どちらも地区の人気の場所となっているので、大勢の人々で賑わっており、その収益が「地区の家」の重要な資金源のひとつになっている。「地区の家」は、地区の人々が望んでいる公的で社会的なサービスを人々に分け隔てなく提供する場所であるが、ロッカフランカの運営は民間に任されているので、来場者の増加と家賃収入は、経営を安定させる大変重要な要素なのである。

運営組織の役割

他の「地区の家」に比べて職員の数が多いものの、ここで行われている講座やイベント、各室の利用などは、毎週100を超えるので、必ずしも十分な人数とは言いがたい。もちろん、常に40名くらいのボランティアが活動し、運営を支援してくれている。よって、ロッカフランカの運営組織は、「地区の家」という空の容器を用意して、その中に市民や活動団体、社会的協同組合などがもち込んできたプロジェクトや講座のアイデアの実現を支援することが主要な役割となっている。もちろん、市民がもって来た企画やアイデアには実現性の乏しいものも多い。そこで運営組織の役割は、そ

れらを具体的なかたちにしていくアドバイスをしたり、可能な場合は資金を援助したりすることである。レナート・ベルガミン氏は、このようなかたちで運営することは、地元の活動団体や市民と緊密な関係をつくりながら仕事をすることであり、それが地区のあらゆる世代や立場の人々に、ここが自分たちに開かれた場所であると認識されることにつながると述べている。こうした利用者と運営側とのきめ細やかな関係づくりの重要性を運営側が認識していることが、公民協働のロッカフランカと行政主導の公共施設の運営との大きな違いになっていると考えられる。

　また、このような公民協働で運営する利点は、例えば、日本で広く行われている公共施設の運営を指定管理者制度などで民間委託した場合とも大きく異なる。指定管理の場合は、期間付の契約であり、同じ管理団体が継続的に運営委託されるかどうかは不透明である。一方、ロッカフランカのような仕組みでは、基本的に運営主体が変わることはない。契約期限の制約がなければ本当にやる気のある人を集めることにつながり、運営内容の発展や魅力度がアップすることで、運営側のモチベーションも下がらず持続性が担保される。市民も「地区の家」で働く人も愛着を持って利用したり、仕事をすることができ、その結果市民にもより愛着が持たれ、活動プログラムへの参加だけでなく企画など運営側にも参加するという相乗効果が期待できる。

多様な活動プログラム

　図5は、2016〜2017年にロッカフランカで開催される活動プログラムを示したものである。83のアソシエーションや社会的協同組合、地区の市民グループ、個人により全部で113の講座が開かれている。内容も健康、ダンス、演劇、創作活動、家族向け、語学、音楽、女性対象、その他と9分野のプログラムがあり、子どもから高齢者まで楽しめるプログラムが、月曜から土曜日までさまざまな時間で開催されている。健康づくりの講座が33と最も多く、人気を集めているが、ダンス、演劇、絵画などの創作活動、音楽など芸術系の講座が多いのも特徴である。一方で、人前でのコミュニケーション能力を高める、イタリア語の発声をトレーニングする、女

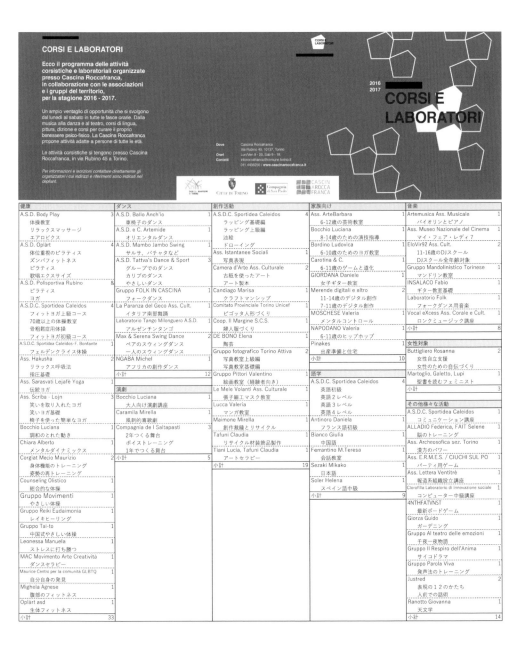

図5　2016〜2017年の活動プログラム

(www.cascinaroccafranca.it/corsi/ を筆者加工)

性の自立支援を促す講座など、地域の社会問題に対応した講座も開設されている。

料金は、子ども向けや女性支援など社会性の高いものは、無料か 5 ユーロを支払えば良いという参加しやすいものが多い。その一方で、語学や本格的なアート教室などは、年間200ユーロを払う講座もあり、活動プログラムは多様性に富んでいる。

持続可能な運営とそのプログラム

ここまでのような公民協働の運営については、現在の日本でも同様な事例を確認できるが、このようなプロジェクトを持続的に継続させていくためには、さまざまな工夫が必要となる。

まずは、何といっても運営資金が問題である。建物については、もともとの農家の建物は市が取得し、所有していたが、「地区の家」プロジェクトが具体化し、改修、増築工事が終わった段階で、市は財団に建物全体を無償供与した。その一方で市は、出向職員の給与以外一切負担していない。運営費の65％をレストラン、カフェ、託児所の賃貸料と各部屋の利用料で賄っている。活動プログラムに関しては、講座とイベントを含めると年間160以上の行事があるが[2]、これらのほとんどは活動団体が行うので、ロッカフランカとしての予算は持っていない。ロッカフランカとしては場所を提供するだけで、個々の活動団体に実行のための謝金など一切お金を払っていない。つまり、活動面では独立採算のシステムによって、かなりの数の活動プログラムを実施することができている。一部有料の講座に関しては、開催団体は部屋の賃料を財団に支払い、無料講座の場合には、参加者

2　例えばカッシーナ・ロッカフランカで発行した2016～2017年の講座プログラムを見ると、全部で83団体の主催団体が、113の講座を開設している。この主催団体が、社会的協同組合や市民団体、NPOなどである。内容は、健康系（ヨガや体操など）が20団体、33コース、ダンス系が9団体、12コース、美術工芸系が11団体、19コース、音楽系が7団体、9コース、演劇系が3団体、5コース、語学系が6団体、9コース、小・中・高校生向き講座が9団体、10コース、女性向き講座が2団体、3コース、その他が13団体、14コースある。このように多分野で地区の市民のニーズに合わせた多彩な講座が豊富に開催されている。これらの他に、市民や市民団体、サークルなどによる個人利用がある

が年間15ユーロを財団に支払っている。このように少額ではあるが使用料を払ってもらうことは、自分たちも「地区の家」の運営に参加しているという意識を市民に持ってもらう意義がある。一方で、パーティなどの個人利用で部屋を借りる場合は、有料講座より若干高い賃料を設定している。また、数は少ないが、例えば外国人の女性のためのイタリア語講座などいくつかの活動については、市や州からの助成金を受けている。それでも運営資金が不足する場合は銀行から借り入れている。トリノ市には、サンパオロ銀行と同行から分離独立したサンパオロ財団という地域活動に対する融資を積極的に行うファンドがあり、これらによって救われている地域活動は少なくない。特にサンパオロ財団は、公共の利益と社会の団結を追求するために、トリノ市を中心としたコミュニティの市民的、文化的、および経済的発展を促進することを目的としている。ロッカフランカは、同財団から2013年から2015年に24万ユーロの寄付を受けている。

　さらに、ロッカフランカでは、自ら資金調達を試みている。2013年2月には、「ロッカフランカの1,000人の友達」というクラウド・ファンディングを行った。このクラウド・ファンディングは、当初1万ユーロを集めることが目標で始まった。しかし、蓋をあけてみると1,200人の「友達」、すなわち個人、グループ、社会的協同組合、活動組織、民間企業が参加し、全部で1万5,000ユーロを集めることができた。このような経済的自立を目指した取り組みも絶えず行われているのである。その結果として、2008年の開館当初、年間予算の35%にしか過ぎなかった自己資金の調達率は、2014年には70%に達し、現在もこの水準を維持している。

公民協働による住民支援の活動プログラム

　公民協働という特徴を活かした活動も見逃せない。行政がロッカフランカの設置に関わっていることから、上記のような地区住民の文化的欲求を満たす講座とは別に、ロッカフランカでは、地区の住民ニーズに応える次の15の活動プログラムを用意して実施している。

　①就職情報の検索サポート

②就職のための専門的トレーニング、個人のキャリア別就職指導
③起業支援のための法律相談
④住宅斡旋
⑤イタリア人に多いとされる失読症に関する情報提供と相談
⑥家庭内の問題に関する個人、グループへのコンサルティング
⑦女性問題に対する相談
⑧健康の支援に関する各種のサービス
⑨アルコール、喫煙、ギャンブルなどによる家族問題を改善する相談
⑩移民の保護
⑪集合住宅、戸建住宅の維持管理相談
⑫孤児に対する養父母の募集
⑬火葬などの慣習がわからない物事に関する相談
⑭放置ペットなどに対する里親コーディネート
⑮移民女性に関する相談

　これらは行政のどの場所に行ったらよいかわかりにくい事柄が多く、行政サービスのワンストップ機能をもった拠点的役割をロッカフランカは果たしている。
　また、イベントや講座が単発で行われるだけではなく、それらを連動させる動きも見られる。一例を挙げると、ロッカフランカの開設時にモロッコ人のグループが、彼らの子どもたちにアラブの言語を教える講座をつくった。この講座はモロッコ人の市民団体にも支援されて70〜90人の子どもたちが集まり、2クラスができるほどの盛況を見せた。ロッカフランカの職員はその様子を見て、子どもたちの母親にこそイタリア語教室が必要ではないのかと気がついた。事実、彼女たちの多くは長くイタリアに住んでいるものの、イタリア語の能力が低く、子どもたちを介さなければイタリア語でのコミュニケーションが取りづらかった。それからすぐに「ロッカフランカにようこそ」というイタリア語の講座が始まり、25名ほどの母親が受講し、イタリア語の能力を向上させることができた。また、母親が幼児を託児所に預け、年上の子どもたちがアラブ語を習っている間に、母

親たちはイタリア語を学ぶようになった。このように活動プログラムが連携することで、潜在的な多様な地区住民のニーズを汲み取ることができたとともに、イタリア人主体の地区コミュニティにモロッコ人のコミュニティが加わることにもつながった。多文化共生のコミュニティ形成にも地区の家が大きな役割を果たす重要な足がかりをつくった。

　小規模だが実験的な活動も盛んだ。そのひとつがアトリウムの片隅で行われている"Libero Libro"（図15、16）。そこには小さな本棚だけが置いてあり、もう読まなくなった本を来館者が自由にもって来る。本棚の本は誰がもって帰っても良いが、その代わりに1冊本を納めるのがルール。週に1度、ボランティアの人が本を整理したり、管理している。やっていることはそれだけである。最初は、ロッカフランカ側もその効果に半信半疑であったが、開館以来ずっと続いている。図書館のように管理されているのではないが、誰に気兼ねすることもなく、読みたい本があったら手にとってみる。ちょっと他の人に読んで欲しいから本棚に置いてみるという本を通じたコミュニケーションが静かに生まれ、続いているのである。

公共施設との連携

　ロッカフランカは、トリノ市の「地区の家」としては最大であり、また、行政が間接的ではあるが運営に参画していることもあり、ロッカフランカの活動プログラムにおいては、本地区の他の公共施設との連携も推進している。その中で特に注目されるのは、学校教育の支援と国際的支援である。ここでは、幼児から高校生までを対象とした社会教育のプログラムを展開している。その中には、動物との触れ合いを通じて家族の大切さを伝えるプログラムや、食物の大切さとファストフードに頼らない適切な栄養の摂取といった食育プログラムを、イタリアとケニアの学校を結んで、国際的な食糧問題を交えながら考えさせるものなどがある。そのために、食育に専門的な知識を持つ人材を学校に派遣したり、国際機関と連携を取り、時にはイタリアとケニアを結んだ情報交換やワークショップなどを実行するためのファシリテートの役割を担って、地区の学校教育の高度化の推進や多文化共生の支援を行い、地区の生活・文化の水準を高めていくことにも

写真15　持ち寄り本棚"Libero Libro"　　写真16　アトリウムの一隅に設置されている

力を注いでいる。

　このような連携事例は、民間の資金で運営できていることのメリットであろう。つまり、行政が運営しているわけではないので、運営のための規則に縛られてしまうこともなく、運営団体の意思に沿って運営内容や活動範囲をフレキシブルにすることができる。地区の人々のニーズに沿って運営されていることは、地区の人々から見ればロッカフランカはまさに「地区の家」であり、自分たちのものであるという意識につながり、運営や活動への一層の参加、関与を促すという循環を生み出している。

「みんなの場所」という意味

　もうひとつ重要な視点としては、本当の意味で誰にでも使える、滞在できる「地区の家」になるための努力である。ロッカフランカは、誰でもいつでも来て使うことができるという考え方に基づいて創設されているが、そのことはよく誤解の種にもなる。それは、自分たちの場所をつくってくれると理解されてしまうことだ。レナート・ベルガミン氏によると、ロッカフランカを計画している時に、ある老人から「自分たちのスペースが欲しい」と言われたそうだ。その時の彼の答えは、「あなたたちだけのスペースはあげない」というものだった。これは、日本においても公共施設計画時のワークショップなどでもよく起きる場面である。地域社会における公平性というものを市民にどう理解してもらえるのか、ロッカフランカの職員

は真摯にその問題に向き合った。もし、ある主張の強い一部の市民の声だけに応じてしまえば、彼らの占有空間をつくってしまうことになる。こうしたやりとりを経て、「いつ来ても良いし、何をしても良い。でも、同じ場所を子どもたちも使うし、みんなで使う場所を用意する」というロッカフランカに対する共通理解を築き上げ、同時に高齢者に対するサービスやプログラムを充実させたのである。その中身は、コンピュータの講座、新聞の読書会、音楽鑑賞会、ゲーム、体操教室、園芸、工作教室、散歩会など。これだけでひとつのパンフレットができるくらいだとベルガミン氏は言う。多様な活動プログラムをつくることによって、多様なニーズに応え、そしていつも同じ人がいる場所ができてしまうことを防いだのだ。

地区に寄り添うために

　世界中どこの都市でも公共空間が魅力的で楽しく、美しいということは、そこに暮らす人々だけでなく、その都市に訪れる人々にとっても大変重要なことであり、今や都市の発信するブランドとしても大きな意味をもっている。ただ、今まで見てきたように、公共空間が単に物理的につくられるだけでは、魅力の形成にはつながらない。物理的な空間に対してそこで行われる活動が日々の暮らしをより豊かにし、そして、そこの使われ方が地区の魅力を発信し、訪れた人々に伝わっていくといった、非物理的なプログラムや仕掛けづくりがあってこそ、である。

　ミラフィオーリ・ノルド地区で言えば、それはまさにロッカフランカが生まれたことである。この「地区の家」は、URBAN IIの資金を導入できた幸運もあるが、地区に残された住民の記憶にある建物を自分たちの考えを反映させて改修したことが地域の資源を使い続けることになり、ロッカフランカのプロジェクトに参加するすべての人々にとって、そこは排除されることのない、開かれた場所として認識されるようになったのである。市民のニーズに沿ったコミュニティの拠点である場所ができたことは大きい。そもそも、地域の公共施設は、そこの生活を楽しく、豊かにするものでなければならないはずだが、公共施設は設置や運営に関しての行政的な

基準や規則などの縛りから、往々にして利用者からは敷居が高く、使いにくいと感じられてしまうのが一般的である。ロッカフランカが「透明な場所」として誰でも入れて、自分の家のように使うことができると運営者が考え、利用者もそう感じているそのエッセンスには、私たちも学ぶところが大きい。その理由はいくつか考えられるが、今まで述べてきたように、地区の記憶資源の姿を残しながら改修し拠点化したこと、公民協働の組織づくり、自由な参加が保証された活動プログラムづくりと社会的サービスの充実した提供、職員と利用者である地区住民の協働によるプログラム、そして持続的な運営資金づくりなどが挙げられる。こうした拠点がまさに起点となり、地区の環境改善運動やコミュニティづくりなどが持続的に展開されていくことが、その地区の真の意味での再生につながっていくのであり、そのような拠点は、イタリアだけでなく、わが国にも必要とされているのである。

第2章

マルチエスニックの拠点として

サンサルヴァリオ

　トリノの玄関である、ポルタ・ヌーヴァ駅の東隣がサンサルヴァリオ地区である。駅近で利便性の高いこの地区は古くからの住民と移民たちが暮らすマルチエスニックな地区として発展してきた。そんな地区の性格ゆえに安全で暮らしやすい地区にするにはより多くの努力を要する。市民が中心になり、地区の課題やニーズを調査し、どんな活動が必要なのかを考え、それを実行していく拠点が「地区の家」サンサルヴァリオ（Casa del Quartiere San Salvario：以下、サンサルヴァリオ）である。どのようなプロセスでサンサルヴァリオが設立され、どのように地区が変わってきたのか。住民主体で計画、運営されているサンサルヴァリオを見ていこう。

サンサルヴァリオ地区の改善

　初めてサンサルヴァリオを訪れたのは、夏の終わりの昼時だった。トリノ工科大学のサマースクールに学生とともに参加していた時、キャンパスからほど近いこの地区に昼食に誘われたのだった。面白い場所があるということで案内されたのは、古い建物をリノベーションした中にあるカフェ。

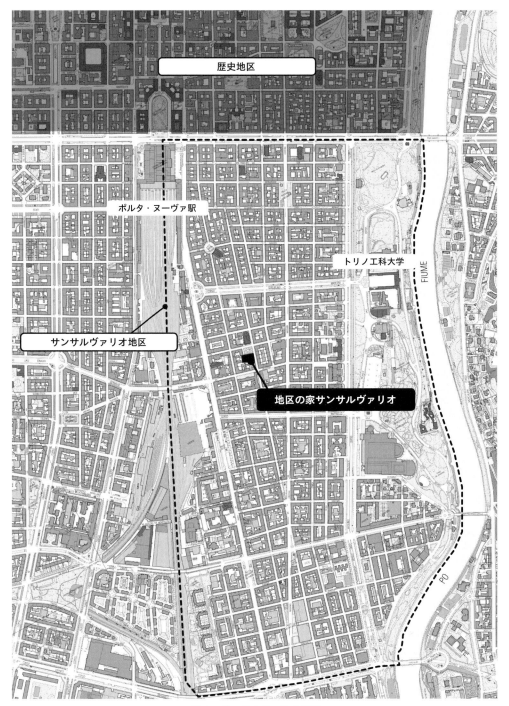

図1 サンサルヴァリオ周辺
(www.comune.torino.it/geoportale/ser_professionali_3.htm を筆者加工)

写真1、2　サンサルヴァリオ地区

中庭があり、それに面してオープンテラスが気持ち良く、大勢の人々が集い、食事と会話に花が咲いていた。ランチの味も申し分なく、7ユーロでワインも飲めるということで大変良いカフェに案内していただいたと感謝したら、ここはカフェだけではなく地域のコミュニティセンターのようなものだと教えられた。これがサンサルヴァリオとの最初の出会いであった。

　サンサルヴァリオ地区の人口は約1万9,000人。トリノ市の中心市街地（歴史地区）に隣接しており、トリノへの交通の玄関口となるポルタ・ヌーヴァ駅にも近く、昔より中流階級が暮らす住商混合地区として発展してきた（43ページ図1）。また、その利便性によりさまざまな社会階層や文化が入り混じった地区でもある。キリスト教会だけでなく、ユダヤ教のシナゴーグやイスラム教のモスクもあり、マルチエスニックな雰囲気を持つ。地区内の多くは19世紀に建設された建物であり、老朽化が進む。また、風呂がない旧式の家もかなり残っている（写真1、2）。

草の根的な地区改善運動

　サンサルヴァリオは2010年9月にオープンしたが、その設立プロセスは、1990年代後半から始まった草の根的な地区改善運動にさかのぼる。トリノ市では1990年代に郊外で始まった住宅団地開発の影響などもあり、サンサルヴァリオ地区の移民人口が急増した。イタリア人社会はその急激な変化を好ましいとは考えておらず、また地元紙などが都市内の住環境や治

写真3、4　風評被害を受けた頃の
サンサルヴァリオ地区
（サンサルヴァリオ内の展示写真を筆者撮影）

写真5　サンサルヴァリオ運営オフィスに
掲げられている地区発展事務所がつくった
地区の模型

　安の悪化を移民増加が要因であるという風評を流したことから、サンサルヴァリオ地区への市民の目線が変わり、健全なコミュニティが維持されていたにもかかわらず、環境の悪い地区であるとのレッテルが貼られた（写真3、4[1]）。行政はそれに対して有効な対策を講じることができずにいる中、地区内に居住する異なる分野の専門家5人が結成したサンサルヴァリオ地区発展事務所（Agenzia per lo sviluppo locale di San Salvario）が、1999年から地区で起きている問題の把握を目的に、住民からの聞き取り調査活動をスタートさせた（写真5）。彼らは、まず地区住民の日常生活での問題など身近な話題

1　原典は、Michele D'ttavio：7° A EST DI GREENWICH Nuovi volti di un luogo chiamato Torino

から対話を始め、住民との信頼関係を構築しつつ、地区の改善要望などについても幅広く丁寧に声を聞いた。それを基に、確かに現在は若干の問題もあるが、他の地区と比較して特に危険はなく、むしろ時間をかけて培われてきた豊かなコミュニティの存在を確認した。

このような聞き取り調査とともに、ワークショップ、パブリック・ミーティング、アンケートなどによる参加型の計画プロセスを経て、地区再生の目標をまとめた。具体的には、①地区におけるイタリア人と移民を巻き込んだ広範な社会的・文化的なサービスや活動を創出すること、②地区に対する文化活動や教育活動を行う活動団体の受け皿となる拠点をつくること、③地区の居住環境を改善することの3つである。

この3つの目標を実現するための「地区の家建設と地区再生のための提案書」[2]を2003年に市長に提出した。しかし、市の財政難が大きな理由となり、この提案はすぐには受け入れられなかった。そこで、2005年に地区発展事務所は、イタリアの地域支援基金を持つボーダフォン（Vodafone）財団に「地区の家への改造」というタイトルで資金支援を申請した。申請は採用され、ボーダフォン財団は「地区の家」が入る建物の改造に充てる費用として43万9,000ユーロの支援を決定した。その条件として、市が所有する建物を「地区の家」として長期間提供し、その建物の改造を承諾することがトリノ市に課された。これは、ボーダフォン財団がこの「地区の家」の持続可能性を担保するために、地区発展事務所による初期投資や「地区の家」の運営資金が過大にならないようにするための配慮であった。トリノ市はこれを承諾し、地区内にあった公衆浴場として使用されていたが、近年利用者の減少と老朽化で使われなくなっていた建物を30年リースで、また約55万ユーロの改修費用をボーダフォンの資金とは別に出資する条件もつけて貸与した（図2）。

ボーダフォン財団が地域支援の役割を果たすため、市民からの提案を冷静に判断し、いかに少ない初期投資で提案を実現させることができるか、そのために行政との共同出資で資金面の援助を行うという判断が、結果的

2　http://sportellounico.comune.torino.it/citta_sviluppo/pisl/SanSalvarioCompleto.html

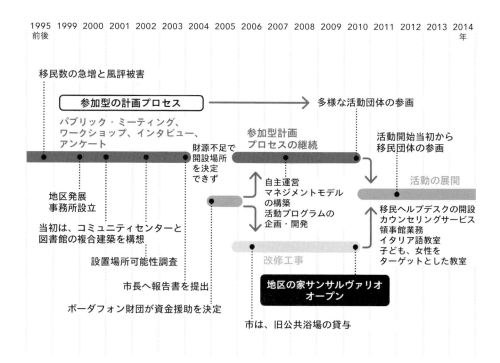

図2　サンサルヴァリオの設立プロセス
（ヒアリングを基に筆者作成）

に市民側の立場に立った資金援助となった。また同時に、行政だけでは進まなかった歴史的建造物の保全と地域の環境改善という副産物ももたらす形で、「地区の家」の開設へと向かうことになった。

旧公衆浴場を「地区の家」に

　この地区に公衆浴場があったのは、地区の19世紀後半に建設された集合住宅の多くにシャワーや浴室設備がついていなかったためであり、かつての日本にも銭湯があったように、地区住民への公共サービスの役割を果すためであった。そのニーズが薄れ、閉鎖されたのだが、トリノ市はその利活用を含めた将来計画を、財政難もあって打ち出せずにいた（写真6-9）。そこに、ボーダフォンの意向とトリノ市の事情がうまく合致し、遊休の公

写真6-9　改修前の公衆浴場
(トリノ市都市開発ニュースウェブサイトのサンサルヴァリオ地区公衆浴場改修プロジェクト資料
sportellounico.comune.torino.it/citta_sviluppo/pisl/SanSalvarioCompleto.html)

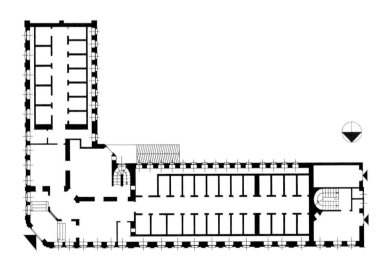

図3　公衆浴場の頃の平面図
(Agenzia per lo sviluppo locale di San Salvario: Progetto Casa del quartiere a San Salvario, 2003.07)

対象		室内(m²)	室外(m²)
B1階	アーカイブ	64.99	
	共用	23.14	
	小計	88.13	0.00
1階	エントランスホール・情報コーナー	26.48	
	図書・レセプション	22.48	
	多目的ホール	93.72	
	各種講座室	37.49	
	PCラボ	16.24	
	カフェ	39.10	
	バー	21.73	
	厨房	23.30	
	共用	51.43	
	中庭		450.00
	小計	331.97	450.00

対象		室内(m²)	室外(m²)
2階	コワーキング	21.73	
	会議室	21.87	
	運営団体オフィス	21.87	
	カウンセリング	17.10	
	各種講座室	45.37	
	共用	46.11	
	屋外テラス		98.42
	小計	174.05	98.42
R階	共用	65.03	
合計		659.18	548.42

表1　サンサルヴァリオの構成と建物面積
(運営団体提供資料を基に筆者作成)

衆浴場を再利用、改修して「地区の家」を開設することができた。改修工事は、2006年から2010年までの約4年半をかけて行われた。改修内容は、公衆浴場が20世紀前半に建設されたトリノ市指定の歴史的建造物であるために、外観を忠実に以前の意匠に復元・再生させることがまず求められた(図3)。その一方で、公衆浴場から「地区の家」へと内部機能を大きく変更するために改修を行う必要があった。そこで、浴室部分である1階の左右ウイングにあったシャワーブースを撤去し、サンサルヴァリオの必要な機能に沿って改変した。それ以外は、最小限の改変にとどめる改修が行われた。また、以前はあまり利用されていなかった中庭に対しては、中庭に面した1階の各室より直接中庭に出入りができるように開口部を設けた。

　このような改修の方法は、忘れ去られようとしていた公共施設を地域の財産として、また住民の地区への愛着を取り戻すための拠点として、遊休化した公共施設の有効利用により地域活動を再活性化する効果をもたらした。また改修工事期間がある程度長くかかったことにより、その時間が運営主体と市民や活動団体が一緒に開設後の活動プログラムや運営計画などを練る時間になった。さらに、住民がよく知る既存施設であることで改修

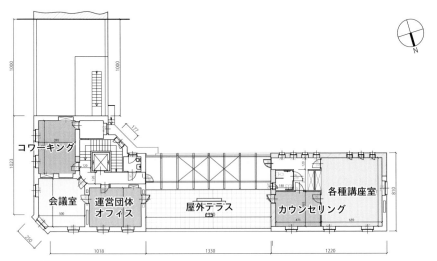

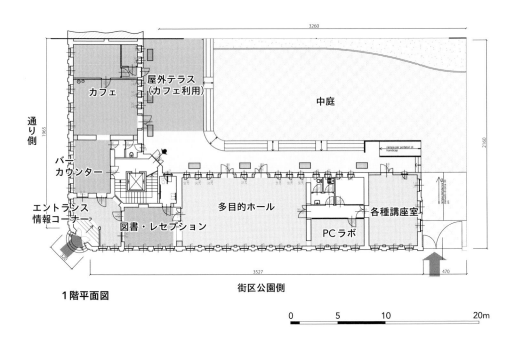

図4　サンサルヴァリオの改修後平面図
(運営団体提供資料を筆者加工)

写真10　北側は街区公園に面する

写真11　エントランス（カフェの名前をBagni Municipali（公衆浴場）としている）

写真12　カフェの様子

写真13　カフェの屋外テラス

　後の空間も比較的イメージしやすかったため、開設後の活動企画や活動への参加の賛同が得られやすかったという副次的効果もあった。

　建物面積は、全体で約660m^2。地下1階、地上2階建て。それに450m^{2}の中庭が南側に配置されている（表1）。前面道路と北側の街区公園に面した隅部にエントランスがあり、その左右に諸室が配置されている（写真10、11、図4）。前面道路に沿ったウイングにカフェがあり（写真12）、そこから中庭に向かって屋外テラスが設けられており、昼夜問わず賑やかに食事をしたり飲み物を手に談笑する市民が絶えず、楽しい雰囲気をサンサルヴァリオに創り出している（写真13）。特に春から秋にかけては、屋外で快適に食事をすることができる。筆者も体験したように、夜でも10ユーロで食事がで

写真14　情報コーナー

写真15　図書・レセプション

写真16　多目的ホール

写真17　各種講座室（1階）

きるなど値段が安く、味も評判なので、サンサルヴァリオで講座や会議、その他のサービスを利用する人々だけでなく、カフェに飲食に来たりふらっと立ち寄ったりする地域の人々で絶えず賑わっている。冬期間もテントとシートによる採暖が行われ、屋外テラスは利用されている。

　街区公園側のウイングには、エントランスの隣に就職情報の提供や各種相談、就職指導、図書閲覧ができる情報コーナー（写真14）と図書・レセプション（写真15）がある。ここでは、特に移民やこの地区にやって来たばかりで、生活や仕事の情報が欲しい人々は大変有用な情報を容易に入手することができる。また、社会的協同組合が就職相談などを行っている。エントランスにこれらの情報がまとめて置かれているのは、サンサルヴァリオ

写真18　コワーキングスペース

写真19　会議室

写真20　各種講座室（2階）

写真21　屋外テラス

　の活動にはまだ参加できないが、情報は欲しいという人々でも容易にアクセスできるようにと考えているからである。
　その奥には約150〜200人収容可能な多目的ホール（写真16）と各種講座室（写真17）がある。2階には、コワーキングスペース（写真18）、会議室（写真19）、各種講座室（写真20）があり、運営団体のオフィスもある。また、運営団体オフィスの隣にある公衆浴場の時からあった屋外テラス（写真21）は、パーゴラを新設して日差しを適度に遮り、さまざまな屋外で行うワークショップの会場になっている。
　また、この改修では、建物の内部空間だけはなく、L字型の建物に挟まれた駐車場としてしか利用されていなかった外部空間も改修の対象に含ま

写真22、23　サンサルヴァリオの中庭

れた。公衆浴場の改修とともに外部空間は、カフェの屋外テラスと中庭に生まれ変わった(写真22、23)。前者についてはすでに触れたが、後者は、ほぼ毎日開かれる子ども向けの講座での活動場所になっている。また、演劇、ダンス、地区を挙げて行われる祭りなどサンサルヴァリオ全体で行うイベントの際には主会場として使われる。中庭は完全に建物に囲われており、安心して子どもたちを遊ばせておくことができ、その間に講座や活動などに参加する母親の姿もある。ペットや大人たちの休息や交流、待ち合わせの場にもなっており、密集した市街地が形成されているサンサルヴァリオ地区において、安全・快適に過ごすことができる地域のパブリックスペースとして機能している。「地区の家」として地区にどのような場所を提供するべきなのかという地区発展事務所による具体的解決策が適切に実行された結果を見ることができる。

　このようなサンサルヴァリオには、年間約7万人が来館している。開館時間は、9〜24時まで、カフェは年中無休で週末は深夜まで営業している。

自由で柔軟な活動の場

　活動の内容と活動空間との関係をみると、興味深いものがある。サンサルヴァリオの活動プログラムは、大きくジャンル別に、①体操系、②演劇・ダンス系、③芸術文化系(絵画、工作など)、④食・生活系(料理教室、洋裁など)、⑤音楽系、⑥語学系、⑦コンピュータ系、⑧DIY系、⑨カフェ関連行事な

活動プログラム	① 体操系	② 演劇・ダンス系	③ 芸術文化系	④ 食・生活系	⑤*** 集会系	⑥ 音楽系	⑦ 語学系	⑧ PC系	⑨ DIY系	⑩*** 教育系	⑪*** 営業系	小計
専用的活動空間								3				
PCラボ												3
コワーキングスペース												0
運営団体オフィス												0
カウンセリング												0
非専用的活動空間												
多目的ホール	11	20										31
各種講座室			6	15		9			1			31
スタジオ												0
会議室							6					6
共用的空間												
中庭		(不明)	(不明)		(不明)							0*
カフェ											1	1**
小計	11	20*	6*	15	0*	9	6	3	1	0	1	72*

　　　活動プログラムが行われている空間を示す
*　　活動プログラムの実施回数が不明部分が含まれることを示す
**　　賃貸部分ではあるが、テナントが協力して「地区の家」のプログラムを実施している
***　集会系、教育系、営業系のプログラムはサンサルヴァリオでは行われていない

表2　活動プログラムのタイプと活動場所との関係
(サンサルヴァリオ提供資料を基に筆者作成)

どに分かれ、年間で70種を超えるプログラムが実施されている(表2)。そのほか、イベントなどを合わせると年間で130種以上が行われている。このように多様な活動が展開されるのは、約4年半かかった改修工事期間を利用して、活動プログラムや運営の検討を地区発展事務所が地域住民や市民団体、社会的協同組合と継続的に行った結果でもある。この期間に地区住民の間に、「地区の家」へのさまざまなかたちでの参加を促すとともに、その希望を持つ市民活動団体を巻き込み、自主運営を可能にするための運営マネジメント体制を丁寧に作成していった。活動プログラムの企画・開発からその実行、そして「地区の家」の運営という全体を統合的、かつ一体的に考えていくことで、参加するさまざまな組織や団体、個人に互いに価値観を共有することができる。それは換言すれば、地元の住民だけでなく、イタリア人と移民の分け隔てもなく、誰でも自由に参加し交流することができるということである。このように関係者が体系を構築しながら参加の

仕組みをつくり上げていったことは、「地区の家」の目的が共有化されるプロセスでもあった。

　この目的を実現させるために、多目的ホールや各種講座室、スタジオ、会議室など、行われる活動が限定されていない空間が用意されており、実際、いろいろなプログラムで盛んに利用されている（表2）。また、共用的空間であるカフェや中庭も前述のように多くの人々に利用されている。中庭は大小さまざまなイベントが開催される場である。中庭で人々の様子を見ていると、そこは地域の人々の語らいの場であり、子どもたちの遊び場でもあることがすぐわかる。特に週末の午後などは、老若男女、国籍も多様な人々が中庭で思い思いに過ごしているのが印象的である。国籍に関係なくあらゆる地区の住民をはじめ、来訪者も含め、人々の交流の場がつくりだされているのである。

みんなで運営する

　サンサルヴァリオに訪れると、ここは地区の「みんなの場所」であるという実感を来訪者に持ってもらうために、建築空間や管理方法、運営プログラムなどが徹底してつくりこまれていると感じる。

　地区発展事務所は、改修工事期間中に参加型で多様な活動の担い手を集めるのと同時に、運営を行うために必要な専門的知識や技術を得るために、地区発展事務所の結成メンバーが関わる別の社会的協同組合である（Sumisura：スミズーラ[3]）など複数の組織と協働して、サンサルヴァリオを開設し、運営するプロジェクトを進めていった。スミズーラのメンバーであるアンナ・ロウィンスキ（Anna Rowinski）さんは、「この地区には、社会的なサービスを行う活動団体や人材が存在していたが、それぞれ独自で活動していたため、

3　Sumisuraは、都市再生、都市再開発、地域まちづくり分野を活動範囲とする社会的協同組合である。建築家やソーシャルワーカーがこれらを統合するための職能としてメンバーに含まれている。さらに、その他は社会学や経済学、人類学といった異なる分野の専門家が集まっている。このような体制は、地域の特性に沿って決定されるべき事項に関する技術とその実現可能性を時間をかけて高めていくためにとられている

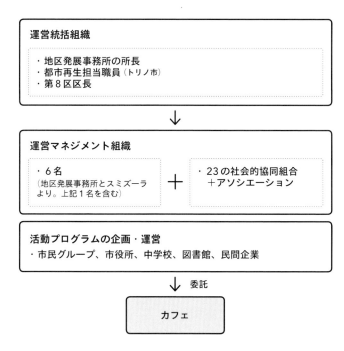

図5　サンサルヴァリオの運営組織
(ヒアリングおよび関係資料を基に筆者作成)

協働のためにはまずお互いの活動を知り合う必要があった。そこで、サンサルヴァリオでは多様なグループが一緒に活動できるようなプログラムをつくろうとした。サンサルヴァリオの役割はまさにそこにある」と語った。つまり、誰かがつくったプログラムの押し付けではなく、サンサルヴァリオにやって来た人たちがお互いに連繋して一緒に何かを始めようとする状況をつくることが、運営の基本方針になったのである。

　運営の統括組織は、地区発展事務所の所長、都市再生を管轄するトリノ市の職員、第8区の区長によって構成される。職員は、6名が館長も含めて地区発展事務所とスミズーラより雇われており、16名がカフェを運営するアソシエーション (Tavila di Babele) から雇用されている (図5)。それに加え、15名以上のボランティアと研修生がおり、運営に協力している。活動プログラムは、運営主体となっている上記の組織だけでなく、23に及ぶ多様な社会的協同組合やアソシエーションによって計画・提案され、全体構

成が整えられる。また、個々の活動プログラムは、上記の運営主体だけでなく他の社会的協同組合、NGO、社会的企業、市民や個人レベルの私的なグループなど多様な団体によって主催されている。

「地区の家」の経営状況

　サンサルヴァリオの財務状況を見ると、この「地区の家」がどのように運営されているかがよくわかる(表3)。2015年の実績になるが、収支とも約21万ユーロとバランスはとれていると言えるものの、繰り越せる収益はなく、決して楽な経営というわけではない。

　収入を見ると、まずカフェからの収入と部屋の賃料の収入が重要であり、全体運営費の60％が賄われている。部屋の賃料は全額収入に入るが、カフェの運営は外部のアソシエーションに委託しているので、カフェ部分からの収入はアソシエーションから支払われる光熱水費、施設使用料などに限られる。それ以外の収入としては、民間団体からのスポンサー料と寄付、第8区からの補助金、運営主体による活動団体などに対するアドバイザー料とトレーニング料、会費などがある。さまざまな収入源を持つことで収支構造を安定させようと努力しており、民間運営ならではと言えよう。

　支出について、まず目につくのは人件費である。サンサルヴァリオは運営組織が大きく、また一部のイベントを外部に運営を委託しているためにその経費もかかっている。しかし、使用している旧公衆浴場は市の所有物であるが、ボーダフォン財団からの融資時の契約で賃料はかなり安く抑えられている。

　サンサルヴァリオは、開設6年目に入り、収支構造は比較的安定してきていると言えるが、補助金や寄付を他機関や行政から受けているので、運営や活動などに一定の縛りを受けているのも事実である。

「地区の家」とは何？

　「地区の家」サンサルヴァリオは、行政が運営するコミュニティ施設などとはどのような点が異なっているのだろうか？　運営主体のひとつであ

			項目計
A. 収入			
1. 賃料・営業収入	カフェ運営組織からの光熱水費	€ 41,000.00	€ 66,647.17
	カフェ部分の施設使用料と清掃費	€ 25,647.17	
	スペース賃貸料	€ 61,170.65	€ 61,170.65
2. 活動組織からの収入	民間団体からのスポンサー料と寄付	€ 72,782.44	€ 80,266.67
	第8区からの補助金	€ 5,000.00	
	アドバイザー料とトレーニング料など	€ 984.23	
	会費	€ 1,500.00	
3. その他	その他の収入	€ 3,553.51	€ 3,553.51
収入合計		€ 211,638.00	
B. 支出			
1. 物品購入	消耗品、文房具、レンタル費用の償還	€ 5,008.14	€ 18,394.53
	メンテナンス料	€ 10,269.84	
	清掃員	€ 3,116.55	
2. 人件費	人件費	€ 134,555.58	€ 140,037.72
	イベント時などの外部委託経費	€ 5,482.14	
3. 一般運営経費	物件年間賃料	€ 52.00	€ 53,207.02
	設備：電気、ガス、水道	€ 26,141.86	
	電話代	€ 3,889.41	
	保険料	€ 1,505.00	
	外部コンサルタント委託料（会計士、経営コンサルタント）	€ 6,382.83	
	SIAE（イタリア著作権協会）	€ 587.43	
	郵便料金、インターネットサービス料	€ 444.68	
	警備費	€ 522.00	
	税金、手数料、監査システム料	€ 2,326.97	
	その他の経費	€ 11,354.84	
4. 返済・設備投資			
支出合計		€ 211,639.27	
収支バランス		(€ 1.27)	

表3　サンサルヴァリオの財務状況（スミズーラ提供資料を基に筆者作成）

るスミズーラのアンドレア・ボッコ氏（Andrea Bocco）とアンナ・ロウィンスキさん（前出）に伺った。アンドレア・ボッコ氏は、サンサルヴァリオの立ち上げに大きく貢献した地区発展事務所の初代主宰者でもある。

そこで何が起きるかを開設前から想定できる

　彼らが地区発展事務所をサンサルヴァリオ地区に設置した時から問題だ

ったのは、まず、地区に入ってきた移民の人々と従来からの地区住民とのコミュニケーションと生活の質をどのように高めるかということであった。よって、そのために必要なことは、地区で行われる商業やビジネス活動などの発展によって経済的な好循環を生み出し、結果として生活環境を向上させることであった。「地区の家」を開設するという目標が立てられる以前に、地区発展事務所によってこのような地区の課題を解決するために市民や活動団体、組織とのヒアリングや会議を行い、そしてその結果として多様なプロジェクトが企画・実施されたことが何と言っても大きい。

　つまり、地区のさまざまな活動団体や住民との意思疎通が図られたことによって、「地区の家」での活動がスタートした時には、地区の既存組織の活動がお互いに理解されており、目的が共通で連携すればもっと効果が上がると考えられる場合はそれを進めて、活動プログラムや主催団体、参加者相互をつなぐことができたのである。「地区の家」が開設される前から、そこで何が行われるのかをすでに地域住民が知っており、それによって活動プログラムの質とプログラムへの参加数が増し、活動頻度が大きく増えたのである。ここが、決まりきった規則などに従って施設を管理運営する団体と、地区発展事務所やスミズーラのアプローチの違いであり、それが生み出す結果も当然違ってこよう。

活動がしやすい

　サンサルヴァリオでは、公序良俗に反しないかぎり基本的にどんな活動でも利用することができ、サンサルヴァリオの運営主体はそれらの活動を支援するために、実施場所のコーディネートや備品の貸与、企画自体の補助、資料作成などの支援をする。実際、スペースの賃貸料が安いので、いろいろなタイプの活動に利用されている。移民の少女の誕生パーティが開かれることもあれば、フィリピンで起きた地震の支援のための募金活動のチャリティーバザーが開かれるなど、活動の幅は本当に広い。他の公共施設と比較しても使用許可を圧倒的に早く取ることができ、利用の際の敷居が非常に低く感じられる場所である。また、利用者間のコミュニケーションを支援するために、ニュースレターやフェイスブックを当初から活用し、

情報発信を行っていることも、市民にとっては活動の予定などを気軽に知ることができ、サンサルヴァリオを身近な存在にする一助となっている。

まずは来てもらうこと

　サンサルヴァリオ地区にはもともと多様な活動組織が存在した。地区にいくつかある商店街には小売店やレストランが並び、大通りには毎日開かれる市場もある。移民も含めさまざまな国や地方の出身者も多く、出身地域ごとの文化活動を行うアソシエーションも存在した。さらには、教会や寺院も多く存在し、宗教団体で慈善活動をする団体もいくつかあった。しかし、それらは独自で活動し、お互いの存在さえ知らずに、ましてや意思疎通などはまったくなされていなかった。長い年月を経て多文化で多様な状態となった地区に生まれがちな状態だった。そのことが地区の分断やコミュニティとしての弱体化を招く一因になったのである。これを解決するために、サンサルヴァリオではあらゆる人が共存できることで、サンサルヴァリオで生まれるネットワークや活動をまちに展開させていくことが重要な目的となった。しかし、その目的を知らなくても、地区住民にはまずはサンサルヴァリオで時間を過ごしてもらうことを第一に運営がされている。民間団体によって運営されていることから、公共施設のように制度に基づいて公的サービスを行うという体制を遵守する必要がなく、まずはサンサルヴァリオが「みんなの場所」であるという雰囲気をつくり出すことが重視された。

一緒に活動すること

　既存の多くの公共施設は、行政が社会サービス提供の担い手として一方的に行政が決定したことを市民に提供するというトップダウンの方法を取らざるを得ない。それに対してサンサルヴァリオは、住民自らが活動プログラムをつくり、それが運営側、利用側に共有されている。公共施設の中で行政ができるサービスを提供するという発想ではなく、ニーズがあり必要だと住民が思ったサービスを住民自身でやってもらう。このような仕組みは、草の根的なアプローチによってステップ・バイ・ステップで創りだ

されてきた。住民主体の活動団体の場合、得てして自分がやりたいと思う興味の範囲はそれほど広くない。一方で、地区課題を解決するためには、単独の活動団体の従来の活動範囲だけでは目的を満たすことができない。そこで時間をかけて彼らの気持ちを汲み取りながら、活動団体同士の連携関係をつくったことで、それぞれが無理することなく、しかし全体として地区課題の解決にも寄与できる活動の内容をつくりだしたのである。

行政から見たサンサルヴァリオ

　第1章で紹介したロッカフランカの場合は、行政が企画段階から入り、さらに、EUの資金を導入する仕組みまで行政が担当した。ところがサンサルヴァリオの場合、運営主体は完全に民間であり活動プログラムも民間主体でつくられている。では、このようなサンサルヴァリオの活動は、行政からはどのように評価されているのか？

地区のアイデンティティを尊重
　コミュニティ再生を行政として支援する場合、行政側と活動・運営団体側の関係づくりに多くの時間を必要とする場合が多い。行政は自らの使命として決定した支援活動を推進するのであるが、同時に活動・運営団体側にもその活動や意思決定に自由度が与えられていないとうまくいかない。しかしサンサルヴァリオでは、双方を両立させることができた。それは、地区の社会的変容への対応という課題を経験する中で、行政と活動・運営主体双方の意識が同じ方向を向いていたことが要因のひとつではあるが、この地区が持つアイデンティティも大きな要因であると言える。サンサルヴァリオ地区は郊外部とは違い、市の中心部である歴史地区に隣接し、その立地や利便性のために住民も多様で複合的なコミュニティを古くから形成して来た。このようなコミュニティがつくり出す生活文化が地区の魅力となり、それに応じて幅広い市民活動を展開してきた。地区住民が持つこのような生活文化への意識と感覚が無視できないほど重要であると行政も見ており、それを尊重したのである。

複合的なアプローチ

　トリノ市が貫いてきた姿勢として、コミュニティ再生や支援を行う際にある特定の組織に委ねて事業を行うのではなく、異なる専門分野を持つ組織を連携させてプロジェクトを推進させるという点がある。つまり、常に複合的なアプローチを取るということであるが、それは地区発展事務所のアプローチを参照しているのである。

　地区発展事務所では、地区の人が誰でも来ることのできる一種の「店」のような状態のオフィスをつくり、その地区の人々がどのような意見をもっているのかを聞ける場所をつくった。そこには誰かが必ず居るので、さまざまな人々が立ち寄り、話をしていく中で課題が共有され、方向性が明らかになっていった。そして、どのようにそれを解決していけば良いのか、また解決のためにどのような人的ネットワークや協働体制をつくっていけば良いのかを、地区発展事務所メンバーと地区住民双方が理解していったのであるが、これと同じようなアプローチを、行政も採用したのである。その狙いは、行政と現地で働く活動・運営主体との間に協働の関係をつくり、地区の改善と発展の方向性を一緒に考え、個別の事業を立案・実施していくためである。

　ここからさらに興味深い展開もあった。地区発展事務所のような地域での活動と、その結果によってサンサルヴァリオが創られたプロセスに触発され、トリノ市役所の中に「ペリフェリエ(郊外)」という名のプロジェクトが生まれたのである。これは地理上の郊外を意味するのではなく、中心部にあるが弱体化している地区を再生するためのプロジェクトである。このプロジェクトを進めるために、異なる部署から職員が集められ、ひとつのプロジェクト・チームがつくられた。このチームには、プロジェクトが起きるたびに市役所のさまざまな部署をつないで、それぞれの専門知識を活かして仕事をしてもらうという、それまでトリノ市が行ってこなかったプロセスを実施することが求められた。このプロジェクトをコーディネートする都市再生統合課のジョヴァンニ・フェレーロ（Giovanni Ferrero）氏によると、「プロジェクトを遂行するために、新しい仕事の仕方やそのための知恵を発見する必要があった。それは、サンサルヴァリオ地区での地区発展

事務所の活動からサンサルヴァリオを立ち上げるプロセスの中で、トリノ工科大学の建築学の教員でかつ地区発展事務所の所長であり、初代のサンサルヴァリオの館長でもあったアンドレア・ボッコ氏（前出）の考え方と活動の仕方に触発された」とのこと。ボッコ氏は、自らも建築家であるが、本来物理的なものをつくることが建築家の仕事であるという既成概念を乗り越え、非物理的なものを創り上げることがこのような疲弊した地区の再生には不可欠であると考え、実践していた。それを見てジョヴァンニ氏は、「行政にもそのような新しいものの考え方とそのための知識が重要であることを認識した」と打ち明けてくれた。

都市再生とは、物理的に優れたものを生み出すことだけではないという視点を、行政の都市・建築セクションだけではなく、関連部署がサンサルヴァリオの設立プロセスから学び、政策に取り入れたことは注目に値する。

プロフェッショナルの関わり方

弱体化したコミュニティを再生させるために、行政だけでなく、さまざまな専門家の力が必要なのは言うまでもない。しかし、その関わり方が問題である。トリノ市が参照したというアンドレア・ボッコ氏と彼が主宰した地区発展事務所であるが、1999年に設立してからの活動は、そう簡単なものではなかった。実際、地域コミュニティに関わる活動団体の多くは、対象地区の人々に対して専門的見地に立った理想を押し付けるように、技術的な支援や社会的サービスを実施した。しかし、地区発展事務所やアンドレア・ボッコ氏は、地区住民と一緒に地区再生の活動ができるように、多様な機会をつくり、住民が力をつけていくのに辛抱強く寄り添うという姿勢をとったのだ。

最初は、ローカルビジネスを支援するための情報を提供し、地区の住宅の老朽度調査をし、住宅修繕の窓口をつくった。その後、地区の活動団体にも声をかけ、このような活動への参加者を募った。さらに、地区文化の特徴を住民や広くトリノ市民に発信するために祭りやイベントを企画・実施していった。それらがじわじわ効果を発揮し、若者を中心に共同で活動する人々が増え、既存の地区の活動団体は、お互いのことを勉強する中で

それぞれの活動の重要さを理解し、輪が広がっていったのである。そのような動きが結実し、活動拠点のサンサルヴァリオが誕生したのは地区発展事務所設立の10年後のことである。拠点整備の必要性ばかりを主張するのではなく、持続的に地区の自己再生力を刺激しながら、まさに自然治癒を待つような息の長い取り組みを通して、社会的協同組合や大学関係者をはじめとする専門家がとるべき立ち位置や役割を、サンサルヴァリオは私たちに教えてくれる。

新たな課題

　1990年代に、サンサルヴァリオ地区は近寄りたくない場所と市民からみなされていたが、サンサルヴァリオができ活動が始まった後、そのような評判は影を潜め、現在はトリノの都心でも人気地区のひとつになった。地区のコミュニティも健全さを取り戻した。すると、駅近・都心にもかかわらず、もともと地価が安かったために、多様なビジネスチャンスを求めて、サンサルヴァリオ地区に興味を示す組織が増えてきた。まず飲食店が進出し、おしゃれで人気のお店が増え、都心の中で安全でとてもトレンディなナイトライフを楽しめるという評判が立つまでになった。これは当初の想定を大きく超えるものだった。

　確かに空き店舗は減り、仕事は増加した。しかし同時に富裕層が流入することによって家賃や地価の上昇の懸念が生じる。そうすると最悪の場合、以前からの住民たちの一部である貧困層は、結局この地区を出ていかなければならなくなってしまう。いわゆるジェントリフィケーションの弊害が懸念されるようになったのである。サンサルヴァリオやその運営主体が、このような動きにブレーキをかける一翼を担えるかが、現在のサンサルヴァリオ地区の重要な課題である。社会的側面の改善や発展では良い成果を収めたが、次の課題は経済的側面の改善や安定化である。現在のマルチエスニックな地区の特性を保つためには、多様な文化的背景を有した市民がこの地区で仕事や住まいを得ることができるようにすること、そしてそのための適切な対応が、サンサルヴァリオの新たな課題なのである。

第 3 章

経験を活かし新たな展開へ
ラボラトリ・ディ・バリエーラ

　トリノ市の中心部から北にトラムで30分ぐらい行ったところに、バリエーラ・ディ・ミラノ地区がある。バリエーラ・ディ・ミラノは直訳すると"ミラノへの境界"。ミラノにつながる街道の玄関口であったことに因んだ名称がついた地区である。移民も含めさまざまな人種が住むトリノの下町的雰囲気を持った地区だ。そこに、地区の家サンサルヴァリオを手がけた社会的協同組合が、サンサルヴァリオでの体験と知識を活かして新たな「地区の家」を設立した。本書で取り上げる3事例の中で設立年が最も新しいこの「地区の家」は、他とどのような違いがあるのだろうか？

サンサルヴァリオでの経験

　サンサルヴァリオでは、誰でも自由に出入りでき、"自分の家"のように使うことができるというコンセプトに基づいて拠点がつくられた。そして地区の課題改善に向けた活動が徐々に地区の魅力を再発見するという流れを生み、多くの飲食店などが新規開店し、市民の人気を獲得すると同時に人口も増加に転じた。その結果、サンサルヴァリオ地区は安全で楽しく、

魅力的な都心地区への再生を果たした。しかし、そのような状況の変化は好ましいことだけではなく、地価の上昇を招き、以前から居住していた低所得者の一部は、家賃が払えなくなって地区外に転出するというジェントリフィケーションの負の部分も生じてしまった。

　このような事態への展開は、サンサルヴァリオ地区の改善提案から「地区の家」創設、その後の運営とすべてに関わってきた地区発展事務所やサンサルヴァリオの運営組織の一員であるスミズーラのメンバーの中に、一旦自分たちが掲げていた目標は達成されたが、同時に新たな問題が持ち上がったという認識をもたらした。疲弊した地域コミュニティの再生を実現したものの、特に都心部に隣接しているために、商業・経済分野の大きな力に揺り動かされ、地域コミュニティのニーズからずれた動きになりつつあることに気づいたのである。また、サンサルヴァリオは多くのアソシエーションが関わって運営を行う体制であったために、時として「地区の家」設立当初の意図が伝わらなくなる場面も出てきた。さらに、市の所有物である公衆浴場を利用しているために、改修上の制限があることも問題であった。そのため、もう少しコンパクトな体制ですべての運営を直接行い、地区が抱える課題に効果的な解決策となるような活動をしていく必要性があると考えるようになった。

　そこで、スミズーラがまったく彼らだけの力で地区のニーズを叶えるために設立したのが、ヴィア・バルテア（Via Baltea：正式名称はラボラトリ・ディ・バリエーラ Laboratori di Barrieraであるが、彼らは設置場所との関係を好んでヴィア・バルテアと呼ぶ、以下、ヴィア・バルテアと表記）である。ヴィア・バルテアは、カフェやベーカリー、演劇学校、音楽学校など創造力とコミュニケーション力を備えた複数の工房のような機能が複合した「地区の家」として、バリエーラ・ディ・ミラノ地区（写真1-4）にサービスを提供していくという、まさに地区再生のための拠点創造を目指している。これは、サンサルヴァリオで生まれた課題を乗り越えたいという挑戦の気持ちで開設された「地区の家」である。

古い住居が多い

活気のある市場

バルテア通り（ヴィア・バルテア）

中心部とはトラムで結ばれる

写真1-4　バリエーラ・ディ・ミラノ地区

バリエーラ・ディ・ミラノ地区

　ヴィア・バルテアが立地するトリノ市の第6区の南部は、バリエーラ・ディ・ミラノ地区と呼ばれる（第1章、図1）。面積は約2.3km²。トリノからミラノに続く古くからあった街道沿いに立地し、ミラノ方面に向かう高速道路の入口がある、いわばトリノ北部の玄関口にあたる地区である。この地区には3～5階建ての老朽化した商店と住居が混在し、活気のある市場もある、住・商・工の機能が混合した労働者の街である。しかし、広場などのパブリックスペースは他の地区と比較すると少なく、実際緑地や公園

の面積も市の平均からは著しく少ない。さらに近年では、閉鎖された工場や大きな空き地も目に付く。経済的側面から見ると、企業立地が乏しく、失業率は市平均の1.5倍に上る。

　人口は約53万人で、人口密度はトリノ市平均の3倍という人口密集地区である。この地区には、イタリア南部からの移住者が昔から多く住んでおり、また最近ではそれに他国からの移民も加わり、移民比率は市平均の2倍に達している。彼らの多くは比較的若い子どもを持ったファミリー層である。昔からの居住者も、その多くが高齢者である。このようにトリノ市の中でも多階層で多文化な社会が形成されている地区である。社会文化的な側面では、多様なコミュニティが混在していることもあって、約50ものNPOや市民活動団体、社会的協同組合などがこの地区において社会活動を展開している。

　バリエーラ・ディ・ミラノ地区は多様な社会特性を持ち、優れた歴史的文化的要素も多く留めてはいるが、低質な住環境や貧困などが災いし、犯罪などさまざまな社会問題が発生する地区でもある。そこで、トリノ市は近年、ミラフィオーリ・ノルド地区と同じくEUの都市再生基金であるURBAN IIを導入して、都市再生事業「アーバン・バリエーラ」（Urban Barriera）を進めている（図1）。

アーバン・バリエーラ

　「アーバン・バリエーラ」と呼ばれているこの都市再生事業は、バリエーラ・ディ・ミラノ地区の各所で実施される統合的な都市開発プロジェクト（Progetto Integrato di Sviluppo Urbano：PISU）として位置付けられている。都市再生事業を通じて地区の人々の協働や交流の機会を増やし、環境的、社会的そして経済的な課題を解決していくことを目的にしている。EUだけでなく、トリノ市、ピエモンテ州からも資金が拠出され、総事業費は、3,500万ユーロである。トリノ市が拠出する以外の2,000万ユーロ分は、EUを通じてピエモンテ州から拠出される。2011年より事業は開始され、事業プログラムは、①物理的環境面、②経済と雇用面、③社会・文化面、④コミュニケーション・地域支援面の4つの分野からなる（表1）。

図1　バリエーラ・ディ・ミラノで展開される「アーバン・バリエーラ」都市再生事業
（アーバン・バリエーラのプロジェクトを紹介するウェブサイトを筆者加工
www.comune.torino.it/urbanbarriera/progetto/index.shtml）

　ハード事業だけでなく、多様なソフト事業が組まれた都市再生事業であるが、実はヴィア・バルテアに直接関係する事業はない（表1）[1]。しかし、「アーバン・バリエーラ」はヴィア・バルテアの敷地の前面道路やその道路の先の広場に立つマーケットを地域の重要な拠点のひとつとして位置付け、道路面の改修などを行い（写真5）、パブリックスペースの高質化を図ることを目指している。よって、ヴィア・バルテアの周辺環境の改善という良い効果を与えてくれる期待もあったに違いない。また、同時に都市再生事業に地元の側から寄与することで地区総体を草の根的に改善できるということも（写真6）、ヴィア・バルテアをこの地区で設立させる動機のひとつであったろう。

1　表1の物理的環境面に「公衆浴場と地区の家の改修」という項目があるが、それは地区内にある市の公衆浴場の一部を利用した「地区の家」（Bagni Pubblici di Via Aglie'）に対するプロジェクト

目標	プロジェクト
①物理的環境面	
パブリックスペース創出のための新たな機能定義	Incet 工場のコミュニティセンターへのリノベーション
パブリックスペースや緑地の設置基準の作成	公衆浴場と地区の家の改修
持続可能な都市交通の支援	旧農業施設のスポーツ施設へのリノベーション
	工場跡地を都市公園化
	工場跡地の緑地化
	4つの学校の校庭改修
	既存緑地の改修
	交差点などの公共用地の改修
	自転車専用道の整備
	歴史地区の改修
	市場の改修
②経済・雇用面	
中小企業への投資支援	企業家育成と起業支援
経済基盤の改善	経済的ネットワークの強化
市場の活性化	専門家による移民支援
雇用の継続化	就職ガイダンスやキャリア相談
学校ドロップアウトの削減	学力向上、相談支援
移民の能力の向上	
③社会・文化面	
情報発信	アートによる公園の質向上
市民活動の活性化	地区のアソシエーションによる工場跡地利活用計画
地区衰退に対抗する社会サービス	国際芸術コンペの実施によるパブリックアート
QOL 向上	フリー Wi-fi の設置
社会的弱者の救済	社会・文化団体のネットワークづくり
	多文化共生プロジェクト
④コミュニケーション・地域支援面	
事業成果の発信	マルチメディアによる地区情報の発信
仲介コーディネート	専門委員会の設置
地区住民参加の誘導	プロジェクト活動全般の行政支援

表1 「アーバン・バリエーラ」の事業プログラム
(アーバン・バリエーラのプロジェクトを紹介するウェブサイトを基に筆者作成)

設立のプロセスは参加のプロセス

　サンサルヴァリオ地区の地区発展事務所やスミズーラの有志は、サンサルヴァリオがオープンした時期からすでに新たな「地区の家」を実現しようと模索していた。ヴィア・バルテアの構想は、先に述べたようにサンサルヴァリオで起きたジェントリフィケーションの弊害の解決や運営体制の他

に、サンサルヴァリオが市所有の歴史的建造物であったため、市が改修工事の主体となり、結果として建築空間づくりについては自由が効かなかったことが、サンサルヴァリオの活動に制約をもたらしていたことも理由にあった。つまり、建物の供与など公的な支援は利点であると同時に制約もあることを経験した。よって、民間組織が自立しながら社会サービスを行うということが、これから求められる地域での社会サービス提供のあり方であるという、スミズーラの社会的協同組合としての目標を実現したいという欲求が生まれた。

　しかし、民間の力のみで社会サービス拠点を開設するとなると、家賃なども含め経済的側面が大きくのしかかる。よって、大きな経済的負担とならない良い物件がなかなか見つからずにいた。何か所かに候補地を探る中で、さまざまな社会的問題を抱えた地区ではあったが、前述の都市再生事業が注目されてきたバリエーラ・ディ・ミラノ地区にあった旧印刷工場の土地・建物を賃貸することができて、ヴィア・バルテアをスタートすることになった。

　ヴィア・バルテアはサンサルヴァリオとは違い、民間施設の改修である。また、改修資金もなかったために、ほぼスミズーラのメンバーと支援者で改修工事を行い、家具なども現物寄付などによって揃えていった。工事の時からいろいろな人の労力と知恵を得ながらつくられていったのである。オープン直前には地域住民や活動団体を集め、ヴィア・バルテアとしての機能とオープン時点での活動プログラム、また市民が企画可能な活動内容など目指す方向のイメージを共有する機会をつくり、徐々に参加の輪を広げていくプロセスをとった。これは、サンサルヴァリオが地区住民にヒアリングを行って地区に必要な機能を長い年月をかけて洗い出していったプロセスとは対照的である。

　つまり、ヴィア・バルテアはまず拠点を開設し、そこでいろいろなプログラムやイベントに地域の住民や来訪者に参加してもらい、ヴィア・バルテアでできることを探し出してもらうという体験型の参加プログラムに合わせて、運営プログラムも進化させていった過程に特徴がある（図2）。住民や利用者がヴィア・バルテアでは自由度の高い柔軟な利用が可能であるこ

写真5　市場周辺の街路整備事業

写真6　事業を街頭で宣伝するメンバー

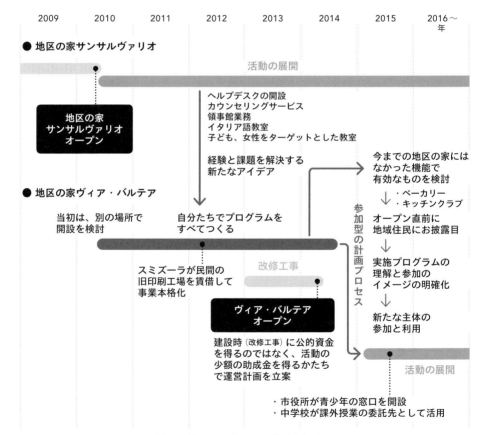
図2　ヴィア・バルテアの設立プロセス
(ヒアリングを基に筆者作成)

写真7-10　改修前の旧印刷工場中庭、外観、内部

とに気がつくことで、参加のレベルや深度、範囲を広げていくことができるという考え方をとったのである。長い準備期間を持つことができれば、活動団体の育成などの機会をつくることも可能であるが、そのような場合は稀である。ヴィア・バルテアでは準備期間を長く取るより、お試し体験をしてもらい、そこで自分たちがしたい活動ができるという確信を掴んでもらおうという工夫が、設立プロセスの中に組み込まれていたのである。

印刷工場を改修する

ヴィア・バルテアは、旧印刷工場であった建物をほぼそのまま利用しており、増改築部分はなく、内部の主要な間仕切り壁などもほとんど印刷工

写真 11-13　中庭の様子[2]

場時代のままである（写真7-10）。その規模は、中央の中庭を含めて約1,000m^{2}である（表2、図3）。延床面積の割には部屋の数は少ない。元が印刷工場であり一部屋ごとの面積が大きいのもその理由であろう。公道に面した中庭を囲うように建物はコの字型の平面形を持つ（写真11-13）。道路側の部分は平屋であるが、道路からいちばん奥の部分のみが2階建てとなっている。また、道路側から向かって左側のウイングには地下部分がある。基本的には、中庭を介して諸室にアプローチするという空間構成になっている。

　もう少し詳しく見ると、道路沿いにまずカフェとベーカリーが中庭への

2　写真11-13、16、18、19、21-25、27：Matteo Nobili撮影、スミズーラ提供

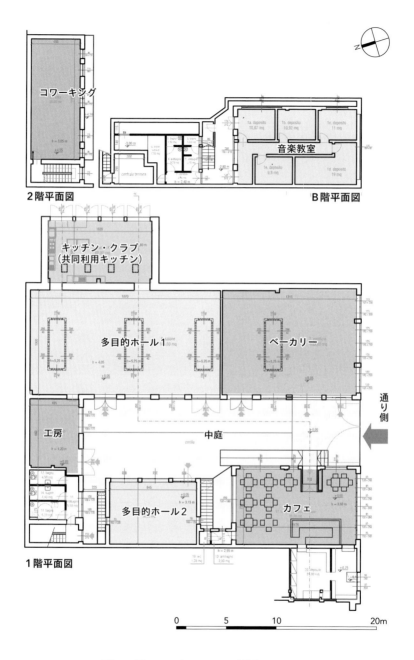

図3　ヴィア・バルティアの改修後平面図
（スミズーラ提供資料を筆者加工）

対象		室内(m²)	室外(m²)
B1階	音楽教室	85.00	
	共用	49.80	
	小計	134.80	0.00
1階	多目的ホール1	186.50	
	キッチン・クラブ	60.00	
	ベーカリー	133.00	
	カフェ	97.10	
	厨房	31.00	
	多目的ホール2	50.00	
	工房	32.00	
	共用	8.49	
	中庭		193.83
	小計	598.09	193.83

対象		室内(m²)	室外(m²)
2階	コワーキング	21.73	
	共用	8.49	
	小計	64.49	0.00
R階	共用	65.03	
合計		797.38	193.83

表2 ヴィア・バルティアの面積
(スミズーラ提供資料を基に筆者作成)

入口を挟んで向かい合う(写真14、15)。ヴィア・バルテアは社会サービスを提供する拠点という雰囲気をまったく感じさせないが、それはこの配置が影響しているかもしれない。カフェの真下には、中庭からの階段を使って降りる地下部分があり、防音性能を活かした音楽教室が入っている。ベーカリーの奥には、可動間仕切り(これも手づくり)で2分割することが可能な多目的ホール1(写真16)が、またカフェの奥には多目的ホール2が、いずれも中庭を挟んで位置する。多目的ホール1の奥には、料理教室や食関連のイベントができる共同キッチンスペース(キッチン・クラブ、写真17)がつながる。このキッチン・クラブには、中古ではあるがプロ用の厨房設備が設置され、予約すれば誰でも料理づくりを楽しむことができる。

いちばん奥の部分の1階には工房がある(写真18)。ここは、DIYで住宅の簡単な修繕ができるように指導をしたり、専任アーティストによるクラフト講座を開いたりするためのアトリエ兼工房である。その2階には、コワーキングスペースがあり、予約をして個人のオフィスとして利用することが可能である(写真19)。

そして、ヴィア・バルテアの空間的中心と言える幅約6.5m、奥行き27m

写真14　入口を挟んでカフェとベーカリー

写真15　カフェ

写真16　多目的ホール[2]

写真17　キッチン・クラブ

写真18　工房[2]

写真19　コワーキング・スペース[2]

の中庭には、常時オープンカフェが開かれている。1階にある各室の出入口が中庭に面しているので、中庭は各室へのアプローチ空間になっているだけでなく、相互の様子が視認できる空間的な一体性がある。そのために、来訪者や講師などとの交流が自然と生まれやすい。また、道路側に沿ってカフェとベーカリーがあることは、「地区の家」の活動に参加したことがない人々でも気軽に立ち寄れるきっかけや雰囲気をつくり出している。

　このように、以前は印刷工場であった建物の構成と内部の間仕切りを変えずに、材料や製品の搬出入をしていたサービスヤードを人が集い交流する中庭に、大きな器械などを据えていた部分を多目的ホールやベーカリーなどにと、元の工場建築が持っていた空間特性をうまく利用しながら、ヴィア・バルテアの設立理念やその実現のために必要な空間や機能に変えているのである。また、資金的な理由が大きいとは言え、建築のほとんどに手を加えず、廃品や手づくりで必要な部分のインテリアだけを新たに加えて全体を改修する手法も、既存の建築空間が持つ特徴をうまく掴み、それを活かしながら、新たな機能と使用に適応させ、さらなる魅力を創り出すリノベーションの技術としても非常に長けたものがある。

自由な参加と活動を受け入れる空間と機能構成

　ヴィア・バルテアで展開される活動と空間との関係も興味深い（表3）。

　活動プログラムは、サンサルヴァリオの分類と比較すると（55ページ、第2章表2）①体操系、②演劇・ダンス系、③芸術文化系、④食・生活系、⑤集会系、⑥音楽系、⑨DIY系は共通しているが、サンサルヴァリオでは行っていた⑦語学系、⑧コンピュータ系はなく、サンサルヴァリオではなかった⑩教育系のプログラムがある。ただ、これらのプログラム数は134とサンサルヴァリオの約2倍に近い。サンサルヴァリオが開設から7年経ったのに対して、ヴィア・バルテアはまだ開設から3年に過ぎないことを考慮すると、大変盛況であると言える。

　また表3から、活動プログラムと空間の対応関係にも特徴があることがわかる。活動の種類が限定されない空間は、多目的ホール1・2、キッチン・クラブ、カフェの4つにすぎないが、そこでは年間120種類もの活動プロ

活動プログラム	①体操系	②演劇・ダンス系	③芸術文化系	④食・生活系	⑤集会系	⑥音楽系	⑦語学系	⑧PC系	⑨DIY系	⑩教育系	⑪営業系	小計
専用的活動空間												
音楽教室											1	1
コワーキングスペース											1	1
ベーカリー				1**	1**						1	3
工房												0
非専用的活動空間												
多目的ホール1	5	15	23	6	8	5				1		63
多目的ホール2		4										4
キッチン・クラブ				14	1							15
カフェ			11	12	15	1			2		1	42
共用的空間												
中庭			1	2	1	1						5
小計	5	20	36	34	26	6	0	0	2	1	4	134

活動プログラムが行われている空間を示す
* 活動プログラムの実施回数が不明部分が含まれることを示す
** 賃貸部分ではあるが、テナントが協力して地区の家のプログラムを実施している

表3 ヴィア・バルテアの活動プログラムのタイプと活動空間の関係
(ヴィア・バルテア提供資料を基に筆者作成)

グラムが行われている。これは、住民の出身地に関係なく誰でも気軽に利用でき、活動プログラムの柔軟な実施によって出会いや交流が生まれることを目指しているために、各々の活動プログラムに適した固定的な空間よりも、多様な活動が柔軟に展開できる空間の方がヴィア・バルテアの利用目的に叶っていて利用がしやすいということと、空間には限定されない自由な活動をより積極的に受け入れようとする運営主体の姿勢が現れている。

利用される空間に目を向けると、多目的ホール1がさまざまなタイプの活動でよく使われている。多目的ホール1は、面積が186m²であり、可動間仕切りがあることでいろいろなサイズの活動が可能だからであろう(写真20)。さらに、キッチン・クラブと連続していることも大きい。そのキッチン・クラブでは、地区に居住する多様なルーツを持つ住民が民族料理教室を行ったり、自分たちで私的な食事会を催したり、子どもたちの交流を図るためのパーティを行うなど、生活の基本要素である食を介した多様な交流が行われている(写真21)。キッチン・クラブが多目的ホール1と連続し

写真20　手づくりの可動間仕切り

写真21　子どもたちの料理教室[2]

写真22　多目的ホール1での子ども教室[2]

写真23　カフェでの講座[2]

ているために、これらの活動で特に人気のある料理教室などは多目的ホール1も使って行ったり、多目的ホール1で民族舞踊を観ながら、キッチン・クラブでご当地料理をつくるといった連動的なプログラムも実施できる。こういった空間構成も、利用率を上げる要因にもなっている（写真22）。

さらに特徴的なのは、カフェである。サンサルヴァリオのカフェは、飲食専用であったが、ヴィア・バルテアのカフェでは活動プログラムも多くの種類が実施されている（写真23）。これは、気軽に地区の人々に集まってもらい、カフェでの飲食をきっかけにしながらその開放的な雰囲気の中で活動プログラムへの参加を促しているからである。ヴィア・バルテアへの来訪から参加へという移行をどのようにしたら容易にすることができるか。

写真24　ベーカリー[2]

写真25　音楽教室主催のコンサート[2]

サンサルヴァリオでの経験も含めてスミズーラが考えてきたことが、ここで実現している。

　このように、地区課題を解決するという社会的意義のもとで、ヴィア・バルテアの設立目的を実行するための試行錯誤が重ねられている。従来の公共施設にありがちな利用者には使いにくい管理主導の利用上の基準やルールなどとは一線を画した運営を行っている。そしてそれを支える誰もが気軽に訪れることができるように開かれた空間構成と、そこで多彩に行われる地区住民のニーズに合わせた活動プログラムの設定に留意した拠点づくりが実現しているのである。

持続可能性を担保する機能の設定

　ヴィア・バルテアは柔軟に空間を利用できるようにつくられているだけでなく、一方で、特定の活動団体が専用的に利用する空間も存在する。音楽教室、ベーカリーといった定期的に賃料が入ってくる空間がそれにあたる。これは、ヴィア・バルテアの運営資金を行政からの助成金などに頼らずに、安定した収入を得て自立的に運営ができるようにするための方策である。

　しかし、この賃貸スペースに入る団体の活動は、単なる収益活動ではない。例えばベーカリーでは、パンの小売もするが、地区のレストランへパンの卸しもしている（写真24）。ここには、この地区の地域産業のひとつで

ある飲食業を側面から支えようとする意図がある。また地区住民のためにパンのつくり方のセミナーを開いたり、低所得者に対するパンの提供などといった、社会支援活動も行っている。また、音楽教室では、移民が多く居住する多文化地区の特徴を捉えた民族音楽の紹介や体験などを行って、異なる出身コミュニティの交流と理解を深めようとしている（写真25）。これらは、ヴィア・バルテアの活動目標が、単に住民ニーズの実現だけでなく、社会交流の実現や、地区の生活文化の向上という目的の実現につながっているのである。

運営はすべて民間で

　ヴィア・バルテアの開館時間は9〜24時と長い。また開館日は、2015年までは日曜日が休館であったが、2016年からは8月のバカンスシーズンと年末年始などを除き無休である[3]。カフェは、火曜日から土曜日までは11〜24時が営業時間で、月曜日が休み、その他ヴィア・バルテアの休館日に合わせて休業にしている。活動実績としては、2015年9月〜2016年7月の1シーズンで805回の講座やイベント、活動が行われている。

　運営スタッフは、サンサルヴァリオの運営主体でもあるスミズーラと、協働する社会的協同組合のメンバーも含めて当初5人でスタートした。サンサルヴァリオはカフェの運営を他のアソシエーションに委託しているのに対し、ここではカフェも直営である。よって、スタッフの人数は当初不足していたが、現在はスタッフを7名に増やして運営にあたっている。旧印刷工場の改修費も含めた初期投資は、すべてを外部から調達することはできなかったので、スミズーラと出資に賛同した人々からひとりあたり約2,700ユーロを出資してもらい、5万ユーロの資金をつくった。現在の運営組織は、スミズーラとともにヴィア・バルテア設立に関わり、活動プログラムをサポートする社会的協同組合 Articolo 4、ベーカリーの運営会社、地域FMの運営会社で組織され、共同で運営が行われている（図4）。

3　基本の開館日は月曜から土曜で、日曜はイベント開催時にオープンしている

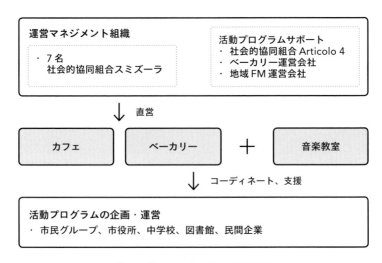

図4　ヴィア・バルテアの運営組織
(ヒアリングおよび関係資料を基に筆者作成)

民間経営の実態

　完全に民間経営であるヴィア・バルテアの運営実態を見ると、安定した経営をするためにさまざまな工夫をしていることがわかる。2015年の実績であるが、収入の合計が約23.4万ユーロで支出の合計が約25万ユーロとなっており、約1.5万ユーロの赤字を計上している(表4)。しかし、この支出の中には約9,600ユーロの設備投資と資金返済が含まれているので、数字上は赤字を計上しているが初期投資の返済ができており、運営計画上のシミュレーションでは、開設当初の想定された収支だと見てよいだろう。

　収入を見ると、カフェとベーカリーの売り上げが収入全体の73%を占めている。特にカフェは、開設当初の売り上げは20〜30食／日であったが、1年後には40〜70食／日に伸びており、重要な収入源になっている。それ以外は、スペース賃貸料が全体の20%、寄付が全体の4.5%となっており、カフェとベーカリーの収入が、ヴィア・バルテアの経営を大きく支えていることがわかる。

　支出については、カフェが直営のため食材・飲料購入費が全体の29%と

A	収入			項目計
1	賃料・営業収入	カフェの営業収入	€152,641.16	€171,900.10
		ベーカリーの売り上げ	€19,258.94	
		予約（契約）スペース賃料	€31,714.44	€46,786.52
		社会活動へのスペース賃貸	€15,072.08	
2	活動組織からの収入	寄付	€10,578.84	€10,578.84
3	その他	その他の収入	€5,261.61	€5,261.61
	収入合計		€234,527.07	
B	支出			
1	物品購入	飲料・食材購入費	€72,523.49	€80,261.62
		消耗品	€4,808.90	
		機器メンテナンス	€2,929.23	
2	人件費	人件費	€77,694.00	€77,694.00
3	一般運営経費	物件賃貸料	€41,724.00	€81,814.90
		光熱水費	€19,028.33	
		電話代	€991.95	
		保険料	€2,130.63	
		経営コンサルタント経費	€4,270.00	
		SIAE（イタリア著作権協会）	€981.48	
		下水道・警備	€1,286.30	
		税金	€5,390.00	
		その他の支出	€6,012.21	
4	返済・設備投資	設備投資	€845.50	€9,556.60
		資金返済	€8,711.10	
	支出合計		€249,327.12	
	収支バランス		（€14,800.05）	

表4　ヴィア・バルテアの収支
(スミズーラ提供資料を基に筆者作成)

大きい。一般運営経費では、やはり物件賃貸料が3,477ユーロ／月で、経費の51％にも上っている。また、サンサルヴァリオが市所有建物を使用しているのに対して、ヴィア・バルテアは自分たちで賃貸物件を改変できる契約になっているために、自分たちの活動を展開するための設備投資を積極的に行っている。

　開設後3年経過したヴィア・バルテアは、一部の寄付を除いて完全に自己資金によって運営されている。また、今までのところ安定した収益をカフェやベーカリー、音楽教室などで上げることができているため、経営の安定化を早期に実現できる可能性は高い。実際、このペースが維持できれ

ば、今後 3 年で開設のための借入金を返済できる見込みとなっている。このように、民間経営で社会的サービスを行うヴィア・バルテアで、カフェが人々の交流の場づくりというだけでなく、運営資金の確保と運営の持続可能性に対しても大きく寄与するというモデルを示している。

もうひとつ重要なのは、融資元の銀行の存在である。第 1 章のカッシーナ・ロッカフランカで紹介したサンパオロ銀行は、このような地域活動にも積極的に融資を行う銀行であり、ヴィア・バルテアの初期投資額の一部にはサンパオロ銀行からの融資が充てられた。この銀行の存在が、まったく民間の力のみで社会的意義のある企画と運営を行うヴィア・バルテアにとっては、大きな後ろ盾になっているのである。

「地区の家」としての新たなエッセンス

民設民営のヴィア・バルテアは、既存の地区の家（サンサルヴァリオやカッシーナ・ロッカフランカなど）とは何が違うのだろうか？　カフェの経営もしながら全体の運営を行っているスミズーラのメンバーであるラファエラ・フサーロ（Raffaella Fusano）さんに伺った。

カフェがつくるネットワーク

ラファエラさんはスミズーラのメンバーであったが、カフェやバールを経営した経験があったわけではなかった。しかし、彼女がつくるランチは日に大体 70 食提供されている。3 種類の料理がついたプレートが 7 ユーロ、1 種類のプレートが 5 ユーロで、ディナーの営業もしている。味も評判が良く、お客は地区で働いている人が中心であるが、地区の住民も大勢来る。

他の「地区の家」は、バールやレストランを運営委託しているが、ヴィア・バルテアでは自分たちでカフェもやればカフェで講座も開くというところが特徴である（写真 26、27）。ヴィア・バルテアのカフェにはベジタビリアンの人が多く訪れるが、祖母の料理のような蕪を食べたいという客のリクエストに応じて、ラファエラさんが調理をして出すこともあったという。また、近所にひとりで住んでいるおばあさんが編み物が得意だと知り、

写真26　いろいろな人がやって来るカフェ

「カフェで編み物を教えてみない？」と声をかけ、来てもらったことも。しかしこんな一般のカフェではあり得ないことが人と人をつなげる。いろいろな人にとって、ここが自分に関係あると思えるか、知っているけど自分には関係ないと思うかは、大きな違いとなる。こんなきっかけを通じて、協力者も出て来るらしい。

　「私たちは、プロのシェフではないし、プロのバリスタでもない。しかし、ここで働く全員は人と人をつなぐための道具だと思ってやっている」とラファエラさんは言う。カフェは儲けるためだけにやっているのではなく、料理をする場所はいろいろな人々を巻き込む道具だという認識がある。そして、それがヴィア・バルテアには必要不可欠だと考えている。このカフェは人と人をつなぐための核であり、その中でラファエラさんたちはカフェの、そしてヴィア・バルテアのコントロールタワーなのである。

写真 27　カフェでのイベント[2]

利用者が運営者

　まず場所の開設からはじめたヴィア・バルテア。それはただ社会的に意義のある活動プログラムを提供することが「地区の家」の目的ではないということを、地区の人々との共通理解にしたかったからだ。ラファエラさん曰く、「何かをやろうとしている人がここであればやっていけるという場所と機会、そして環境を提供してあげる」ことである。つまり、運営者側が社会的に貢献したいという思いから必要だと考えたサービスを一方的に提供するのではなく、地区の人々に自分たちが何かができる場所自体を提供すること、そして、運営者としては何かをやりたいと思って来る人の要求を実現できるように支援をすることである。そのため、オープン直前に地域住民を集め、自分たちが何をやろうとしているのか、またヴィア・バル

テアはただサービスを提供するだけの場所ではなく、住民自身がいろいろな提案や活動ができるオープンな場所であることを伝えたのである。

　例えば、実際にラファエラさんたちは、籐を使った籠づくりを教えたいという住民の講座を開いた。その講座には多数の申し込みがあって、運営費用も捻出でき、教えたい人のニーズを満たし、参加した人々も満足するという循環が生まれたのである。

　また、地区の中学校からは、学校ではできない実地型のワークショップを生徒に体験させたいとの相談が来て、地元の人々が講師となった体験型授業を行えた。市役所からは、青少年のための情報窓口を置かせて欲しいとか、忘れたい過去を背負った若者たち向けの職業訓練プログラムを行って欲しいといった相談が続いている。さらに、地区にある唯一の書店や図書館と協力して、本の紹介をするイベントを開催しているが、これは図書を媒介とした文化創造の支援プログラムのひとつである。

　このように、行政や公的機関からの相談や連携も受け入れているヴィア・バルテアでのこれらの活動は、行政が行う社会的活動とは違い、公的機関との関係はあるが、あくまでプライベートな活動という立場をとることである。プライベートではあるが、民間側から公共的なサービスを行うことや民間組織が公共と協働することによって、財政的に逼迫している行政に代わって住民が必要としている社会的なサービスを市民と協働しながら実施している。参加する側にとっても、公的機関が実施するよりも民間組織が行った方が気軽に参加しやすく、活動プログラムを企画・実施する側にとっても、規則に縛られないで自由な企画で実施できるという双方にメリットがあると感じている。それが、市民生活の質を向上させるために有効な方法のひとつであるという認識に立っている。

居心地の良い場所

　居心地が良いというキーワードは、最も基本的だが重要なものであると考えられており、そのためにスミズーラには建築家もメンバーとして入っており、廃品などを使った改修には彼らの力が大きな役割を果たしている。ヴィア・バルテアに誰でもすっと受け入れることができる雰囲気をつくる

写真28　心地良い中庭　　　　　　　　写真29　子どもスペースのグラフィック

ために、インテリアや中庭の植栽などが注意深くデザインされている（写真28）。彼らが重視しているのは、一度入ってくると居心地が良く、そのまま長居してしまいたくなること。実際に、インテリア・デザインの方針によって、冷たい印象の既存の工場に対して温かみのある繊維素材や木材を選び、人の手によって加工され付け加えられたことがわかるような壁のグラフィック・デザインやサイン、間仕切りのデザインをして、工場の空間の特徴を活かしながら、親しみやすさと優しさを感じさせる空間をつくり出している（写真29）。

　しかし、どういうデザインをするかということも大事であるが、人と人をつなぐ方法もデザインの対象であると主張する。ラファエラさんたちは、コーヒーも出すし食事も出す。しかもそれと同時に、店の奥にいるだけでなく、客席側に出てきて来客との関係をつくる。そうした人とのつながりをつくることが大事で、人と接触することによって新しいつながりができ、そこから新しいアイデアやプロジェクトが生まれる。居心地の良さをつくるためには、単に上質な家具や建築のデザインだけでなく、人間との関係をデザインすることが重要な礎となるのである（写真30、31）

　話を詳しく伺っている中でわかってきたことであるが、「地区の家」（Casa del Quartiere）という言葉は、ラファエラ・フサーロさんや、アンドレア・ボッコ氏、アンナ・ロウィンスキさんたちが、スミズーラの中で1999年頃からコンセプトとして持っていた言葉だったそうだ。ちょうど、地区発展

写真 30　さまざまな出会いが生まれる中庭　　　　写真 31　籠づくりをお気に入りの場所で

事務所が活動をし始めた時のことのようだが、そこからサンサルヴァリオ、ヴィア・バルテアと、15年の年月をかけて「地区の家」のコンセプトが実現されてきた。しかもその実現の過程で「地区の家」は検証を伴いながら進化を続け、そこで体験され、実践されてきたさまざまなエッセンスは、さらに強度と深度を増して、私たちにコミュニティの拠点（ハブ）にとって何が必要なのかを語りかけている。

「地区の家」から学ぶ

　これまで、3つの「地区の家」の特徴からコミュニティを支える拠点づくりのエッセンスを見て来た。そこでは、地区の住民たちがそれぞれ抱える課題やニーズに対してどのようなサービスを提供するのが望ましいのか？　それを住民自らが企画・実行することで、今までの公共施設では得られない市民の生活環境や生活意識の向上をどのように実現できるのか？　といった課題に丁寧に向き合い、活動を展開してきていた。しかし、これらは特異なケースとして取り扱うべきものではない。現在の日本において財政的視点に偏った公共施設再編の大きな流れが動き出す中で、公的なサービスを提供しながらも市民自身が自分たちの拠り所だと認識できる場所はいかにあるべきかという、現状では置き去りにされがちな、しかし大変重要なテーマを考える上で参考になる数々のヒントが潜んでいる。

　そこで、ここではもう一度、そもそも彼らはコミュニティ施設など類似の公共施設が存在する中で、どうして「地区の家」という名称を用いて開設したのか、「地区の家」が持つ今日的な意味やポイントを明らかにしたい。

「みんなの場所」の中身

　「地区の家」というコンセプトは、地区における広範な社会的・文化的なサービスや活動を創出し、その活動を行う団体の受け皿になる拠点をつくることを目標にしている。そして参加する側にも運営する側にも自然と理解されやすい協働の仕組み、活動がしやすい運営システム、地区の住民がまるで自分の家のように迎え入れてもらえる柔軟な参加の仕組みで支えられた拠点をつくるというものである。これは、サンサルヴァリオを立ち上げた地区発展事務所や社会的協同組合のスミズーラのメンバーたちがつくり出し、20年近い歳月をかけて育て上げて来たコンセプトである。

　その後の動きとして、サンサルヴァリオは資金獲得などで紆余曲折があっ

たが、トリノ市の主導で計画されたロッカフランカが2007年にサンサルヴァリオに先んじてオープンする。この2007年から最も新しいヴィア・バルテアが開設された2014年までの8年間に、トリノには10か所の「地区の家」が相次いで開設された。これらの成立のプロセスや運営方法などは異なってはいるが、設置目的や活動については同様の方向性を持っている。

これらの「地区の家」は連携して、2014年に10か条のマニフェストを策定し、「地区の家」というコミュニティの拠点の意味と活動の方向性をより明確化し、ネットワークを組むことで「地区の家」の存在やそこでの活動を発信し、浸透させていこうとしている。そのマニフェストと3事例での知見を基に、「地区の家」という「みんなの場所」の意味や位置付けをまとめてみる。

①すべての市民に開かれた場所

「地区の家」は男女の区別や国籍、社会的な背景や宗教などに関する違いを超えて、子どもたちから高齢者まですべての市民が参加でき、異文化間の交流が行えるようにつくられた場所である。3事例の豊富で広範な活動プログラムを見ると「地区の家」では異なったニーズが出会い、異なった社会的、文化的レベルの人々が交流することに注意が払われたものになっている。この異文化間交流と社会的敷居を取り去った活動が企画・実施されるのが「地区の家」の活動の基本である。そのために、表現の自由、公の生活、政治への参加の権利、人種間の平等、社会的公正、連帯の精神、人権尊重といったイデオロギーを超えた普遍的価値が基盤に置かれている。

②参加の場所

「地区の家」は、地区における社会的、文化的生活や活発な市民やボランティア団体などのさまざまな活動を通じて地区や都市に貢献することを目指している。ロッカフランカやサンサルヴァリオでは多くの活動団体が運営に参加し、ヴィア・バルテアでは住民に活動の企画を促し、提案された地区の生活環境の改善や社会・文化的サービスに関する企画を実施している。そしてそれが参加者に体験され、身近なネットワークが進展し、公共的なニーズをどのように解決できるかのアイデアを集める活動が行われている。参加は各人の意思に委ねられており、個人、私的なグループから、アソシエーション、協会などあらゆる組織が主体的に活動できるように支援を行っている。

③ 人々の交流を可能にし、歓迎する場所

「地区の家」は、安全で居心地が良く、魅力があり、利用するのが容易な拠点であることが求められる。人気のある多種多様な活動に無料で参加でき、建築は明るくデザインされており、自由な出入りが可能で、職員とも気軽に関わることができ、自分が欲しい生活情報も気軽に得ることができる。自分の家のように自由に使え、ひとたび社会的な活動をしようと思えばその活動に参加することも、プロジェクトの企画者になることもできる。「地区の家」は、異なる考え方で行われる個々の活動を連携させ、相乗効果が生まれるように活動プログラムを組み立て、人々の知識が重なり合い、出会い、新しい関係性をつくり出すことを積極的に行っている。

④ 利用者の自主性を尊重し、育む場所

「地区の家」では、さまざまな活動団体が企画した活動やプログラムは、限定的な目的だけのものにならないように注意深く構成されている。また多様な利用者の異なる要求を受け入れ、柔軟に利用できるように空間が構成され、各室の利用方法が策定されていることが特徴である。多様なグループの活動は、自由に自主的に構成されているが、「地区の家」全体としての活動にも貢献できるように、また、地域コミュニティの自主性を育てるようにも組み立てられている。

⑤ 多様な活動を受容する器

「地区の家」は、文化、芸術、社会的、余暇的な活動をテーマに、インフォメーション・デスク、相談所、各種活動室、カフェなどが用意され、無料の講座やワークショップ、家族のためのサービス、演劇、会議、展示などの多種多様な活動プログラムによって、相互に発展的に活動が展開できるように構成されている。いわばコミュニティ活動の受容器であり孵化器なのである。例えば、気軽にくつろげる企画を行いたいと思う人々に対して、「地区の家」では技術的支援とともに、空間や道具などを用意し、企画の実現・実施の支えとなる。「地区の家」は、住民たちが行う創造行為や表現が結果的に地区のコミュニティを将来的に支える重要な役割を果たし、彼らからの提案や活動は、コミュニティ再生のためのトレーニングにもなると考えている。

⑥パブリックとプライベートの中間的な場所

「地区の家」は、公共セクターと活動的な市民との間の連携によって「みんなの場所」となる、公共空間を再生させることを目指してつくられたものである。そのために意識や活動の方向性が異なる多様な個人、団体が参加しやすく、彼らに自分たちの企画だけでなく運営にも参加してもらうといった工夫がある。これは、個人や市民活動団体の活動をより公共的な社会的活動として位置付けるといった、私と公をつなぎ合わせる社会的結合の仕組みでもある。この社会的結合によって行政と市民団体は新しいかたちでそれぞれの役割を果たすことができ、「地区の家」ではそのようにしてつくられた新たな生活環境向上の方法を体験できるのである。

⑦地区のコミュニティ再生のためのリビング・ラボラトリ

「地区の家」は、その言葉通りに地区という徒歩圏域を対象に設置、運営されている。そのテリトリーには営利、非営利の活動団体が活動をしている。「地区の家」はそれらの活動団体を交流させ、それぞれの特徴や強みを活かして新たな相乗効果を生み出し、それぞれの手法、考え方が比較検討され、実施されるまさに生きた実験場（リビング・ラボラトリ）なのである。そこでは、信頼できる社会的つながりの強化により、公民連携による公的プロジェクトの開発が市民、グループ、組織の参加を促しながら、簡単にかつ迅速に実行されていく。その際、サンサルヴァリオでは、アンドレア・ボッコ氏をはじめとした学識者やスミズーラなどの専門的知識をもったメンバーで構成された組織が参画していることが重要な役割を果たす。地区のコミュニティ再生のためにリビング・ラボラトリとして知見を創造、実現していくことが「地区の家」のもうひとつの姿なのである。

「地区の家」は、行政が設置し運営する公共施設ではない。しかし、コミュニティ活動の拠点として地区での役割は大きい。そうした意味で、「地区の家」と共通した動きが日本でも胎動している。例えば、建築家の伊東豊雄氏が主宰しているNPO「これからの建築を考える伊東建築塾」では、瀬戸内海に浮かぶ愛媛県今治市の大三島において、島が長い歴史で培ってきた多様な資源やそこで行われてきた生活の魅力を再発見することによって、島の再生に取り組む活動を展開している。その

中で、由緒ある大山祇神社の参道沿いに残された旧法務局の木造建物を建築塾の塾生と今治北高校大三島分校の学生、さらには地元住民で改修して、2016年に地域の拠点となる「大三島みんなの家」が開設された。活動拠点としてのオフィスやカフェ、合宿ができるスペースなどの機能が入り、住民と来訪者の新しい交流拠点が誕生した。人口減少、商店街の衰退など全国のいたるところで進行する地域課題の解決を住民と外部から集まった志を持った専門家たちが、少しずつ力を出しながらタッグを組んで進める活動の拠点であり、コミュニティ再生の新たなかたちがそこにはある。

建築としての魅力づくり

既存建物を利用する

トリノ市で展開される「地区の家」のプロジェクトでは、3つの事例とも既存建物の再利用とそのリノベーションを行って、地区にある資源を再生させる手法を採っている。それぞれのリノベーションの手法が、少しずつ異なっているのは、それぞれの地区の家の成立過程と対象となった既存建築の元の用途や状態の違いによるためである。

ロッカフランカでは、ミラフィオーリ・ノルド地区に大規模な自動車工場が立地する前の様子を今に伝える農家と農業施設を修復と改修、一部改築によって「地区の家」へと再生している。サンサルヴァリオでは、歴史的公共建築である公衆浴場の外観を復元し、内部は機能改修して「地区の家」として再利用した。ヴィア・バルテアは、衰退した地区の空き家状態だった旧印刷工場のインテリアをDIYで改修し、「地区の家」へと変身させた。

大改修を行ったロッカフランカと、最小限の改変に留めたヴィア・バルテアを比べると、リノベーションにかけることができた予算はまったく違った。しかし、元の役割を終えた建築を手がかりに、それを地区のニーズを満たす新しい地区拠点としての役割を担わしたことは、3つの「地区の家」に共通したアプローチである。老若男女、多様な階級、国籍を含めた地区の住民全員の拠り所になるためには、もともとその地区にあった建築を利用することで、住民の親近感があり、用のある人々のためだけにつくられたという認識を払拭することが求められたのだと解釈できる。

また、リノベーションを行うためにかかる時間の存在も見逃せない。ロッカフランカやサンサルヴァリオでは、

3年から4年近くの期間が改修工事に必要であった。その間にじっくりと開館後の運営体制を考え、参加組織や市民を募り組織化し、活動プログラムを練って、完成直後から活動が可能な状態に持っていった。リノベーションの副産物とでも言えようか。このような時間がかけられたことは、「地区の家」での活動が市民の手による草の根的活動を主軸とするために、大変重要であったと言える。なぜなら、地区のコミュニティ拠点の創造は、単に建築の物理的要素の検討だけから生まれるものではない。運営組織やサービス、活動プログラム、参加の手法といった非物理的なものも含めた検討を同時並行的に行うことが必要であり、またそれは開館後の運営に大きく影響するからである。

屋外空間が要

　3つの事例とも屋外空間と建築とが関係付けられている。しかもただ屋外空間を敷地のどこかに設置したということではなく、建築と屋外空間をどのように接続するのかということを重視している。しかし、3事例では屋外空間の扱い方は実は異なっている。ロッカフランカとサンサルヴァリオでは、建築で取り囲んだ中庭状の屋外空間をつくり、直接出入りができるように建築に開口部を設け、中庭と内部空間との関係を強めるような改修を行った。しかし、これではまだ、建築の配置や空間構成に対して外部空間は建築に隣接した付属物という位置付けでしかなく、積極的な関係性がつくり出されているわけではない。しかし、ヴィア・バルテアでは、屋外空間である中庭は建築のエントランスの役割を持ち、そこからでないと各室内空間にはアクセスできないという構成になっている。屋外空間が「地区の家」すべての動線の結節点になっているのである。ここにいればその時来ている人々との出会いやイベントなどへの参加の機会が自然と促される。「地区の家」が持つ参加の容易性というひとつの重要な目的を果たす主空間が屋外空間なのである。

　このように、中庭と建築が接続した空間構成によって共用空間を主空間として位置付け、コミュニティの拠点としての社会的公開性や公共性を確保することができる。屋外空間に面して活動空間が配置され行き来ができる平面構成が、利用者にとってみれば使いやすい場所を見つけて活動ができるという柔軟かつ流動的な空間利用を可能にしている。それによって、大小さまざまな規模の活動プログラムが実施でき、

都市の中で安全でかつ誰しも利用できるという可能性と許容性、そして魅力を視覚的に訴える効果がある。このことが結果的に、目的を持って来訪し、活動プログラムに参加する積極的な住民や市民以外のコミュニティに対しても敷居を低くして参加を促すことにつながっていると言える。このようにどのような市民にも分け隔てなく、しかも無理強いではなく、参加の機会を提供するために、屋外空間を主にして空間構成を考えてみたらどうだろう。

新たな機能の意味 ──
カフェは持続可能性な
コミュニティ拠点(ハブ)の要

コミュニティの拠点(ハブ)として見た場合、3つの事例の機能は類似しているが、特にいずれもカフェ機能が備わっていることは偶然の一致ではない。飲食を通じて市民同士の交流が生まれることは大変重要なことである。また、安価に飲食を提供できることは、地区の福利厚生の面でも重要な役割を果たす。特に、日常生活の中にカフェ文化が浸透しているイタリアでは「地区の家」でも必要不可欠のアイテムなのかもしれない。しかし、イタリアだからカフェが重視されると考えてしまってはいけない。ヴィア・バルテアにおけるカフェの位置付けがそれを物語っている。ヴィア・バルテアでは直営でカフェが運営されている。市民が行政に頼らず自主的な運営を行うためには、持続的で安定した収入源を確保することが重要なのは論をまたない。カフェからの安定した収入は、経営資源としては大変重要な要素である。

また、持続的・自立的運営に関しては、3つの事例に共通する重要な問題であるが、「地区の家」の設立過程や運営主体の構成によって、自己財源と外部からの補助金などのバランスを考えることも必要不可欠なのである。運営資金調達を寄付や自己財源から捻出するなど補助金だけに頼らない工夫が達成されれば、自らの資源を活かしさらなる活動やプロジェクトの能力を発展させ、市民を巻き込んでいくことが可能になる。しかし、「地区の家」では完全に市場原理に陥ったり、社会的性格が歪められるような経済的視点に立った運営を意図しているわけではない。「地区の家」の活動のための行政の支援は、一方で必要不可欠な実際的支援であることももちろん認識されており、それらと運営のために必要な収益のバランスを考えていくことが、「地区の家」としての性格を保ちながら持続可

能な運営を可能にする。

　また、特にヴィア・バルテアでは、カフェは別の機能を持つと考えられている。それは、カフェを媒介にして人と人を結びつけ、市民活動をより活発化させたり、相談に乗ったりするコンサルティングあるいは触媒的役割である。カフェでさまざまな講座や活動を実施することで、入りやすく、参加しやすい雰囲気とカフェ利用のついでに参加もできるという、地区の人々の参加の敷居を下げる役割をカフェは担っているのである。

　このような意味で、カフェは、「地区の家」と同様なコミュニティ拠点（ハブ）にある付属のサービス機能ではなく、必要不可欠な機能である。そのためにヴィア・バルテアでは、カフェの運営を直営にしているくらいである。私たちもこのような事例を見るにつけ、カフェが単なる付属機能ではなく、公共建築の主機能としての役割を担い、今までの物差しを外してカフェとコミュニティ機能を持つ公共施設との関係性をもう一度見直す必要があるだろう。

運営の特徴

　ここまでは、「地区の家」の特徴を物理的要素を中心に見てきたが、ここからは非物理的要素、すなわち運営の方法や体制などに着目してみたい。

運営組織の多様性

　「地区の家」は各地区で活動する団体によって運営されている。社会的協同組合や財団、社会的企業の場合もあるが、いくつかの事例では、複数の団体による協働体制によって運営されている。それらは、地区の持つニーズや期待を的確に拾い上げ、それらに沿った活動プログラムを構築できるように、それぞれ独自に構成される。そのことによって活動の継続的な改訂を行い、新たな要求に適合させていくという、野中郁次郎氏がSECIモデルで示した明確な言語で表現された形式知と、経験から学んで知に結びつける暗黙知が相互補完的に作用し、体系化された知に成長することを重視したマネジメントモデルの実践なのである。

参加へのアプローチ
──体験創発的／体系構築的

　地区の市民や活動団体をどのように巻き込んでいくかは、「地区の家」の運営にとって重要な要素であるが、その過程は3事例で少しずつ異なる。ロッカフランカやサンサルヴァリオでは、十分な時間をかけて活動プログラムを

練ったり、その活動主体を形成したり、さらには「地区の家」自体の運営に参加してもらう組織を構成したりといったプロセスをとった。一方で、ヴィア・バルテアでは、開設までの時間を十分取るよりも、むしろ開設直前に地区住民を招いて、ここで何ができるのかを説明する。そして、ここはサービスを一方的に提供する施設ではなく、自分たちで考えた活動を行う場所であることを説明した。その後は、カフェやベーカリーを開店し、直接活動に来た人ではなくてもまず立ち寄るきっかけをつくり、そこでより深くヴィア・バルテアの内容を理解してもらい、自分たちでできることを気づかせるというプロセスをとっている。

どちらが良いということではなく、少なくとも市民の参加を促す方法として2つの異なったやり方があるということに注目したい。ロッカフランカやサンサルヴァリオの方法は、地域課題に沿った計画を丹念につくる体系構築的アプローチということができるだろう。それに対して、ヴィア・バルテアの方法は、住民や利用者の実際の体験やその中で生まれる創発的な関係を紡いでいく体験創発的アプローチということができる。

しかし、興味深いのは、「地区の家」の開設から運営をサンサルヴァリオとヴィア・バルテアと2つの「地区の家」を担ったスミズーラが、それぞれで体系構築的アプローチと体験創発的アプローチの異なるアプローチを採ったことである。「地区の家」を設立する際の状況は、その都度異なり、同じというものはない。その中でどちらのアプローチを採れば良いのかということではない。つまり、体系構築的アプローチは、活動プログラムや運営方法と組織などを綿密につくることで、参加意欲のある市民の巻き込みには確かに効果がある。しかし、そのような市民ばかりだけではなく、最初は消極的な市民の方がむしろ多いはずだ。そのような市民に対しては、体験創発型のアプローチを採ることによって、ちょっとした参加体験や交流から活動プログラムへの本格的な参加が生まれることがある。このように、2つのアプローチは相補的な関係を持ち得るのであり、それぞれの良さを汲み取りながら、それらをどのように組み合わせて地区での最良な活動プログラムや運営方法、組織をつくるかを考えることも重要な視点である。

持続的運営を行うための計画と仕組み

「地区の家」の運営から学べるのは、日本でもNPOや市民活動団体など行政以外の団体が地域コミュニティのための拠点を運営していこうとする場合である。最初から大きなスケールの拠点の運営をイメージするのではなく、小さくスタートし、すぐ実践できることを行い、経験を積んでいくことの重要性がある。その中で定常的な運営資金の確保と、日常的でプライベートな交流とパブリックな社会的交流は特に重要である。これらを深化させるきっかけづくりの仕掛けとして、3つの事例が重視しているカフェは、有効な機能であり空間である。特に、ヴィア・バルテアのカフェが運営資源であるとともに人と人とのつながりをつくる場にもなっているということは、日本のいわゆるコミュニティ・カフェにも通じる特徴である。

しかし、初動期の資金不足は、どのような活動を展開するためにも乗り越えなくてはならない課題である。ロッカフランカやサンサルヴァリオのように公的資金を導入することで、地区が抱える課題の解決に向けた拠点づくりが早期にできる反面、特にサンサルヴァリオの運営団体が指摘しているように、行政上のルールが適用され、活動面での自由度が下がるおそれがある。

どちらを選ぶにしても、綿密な資金調達計画が必要不可欠である。同時に新たな拠点を創るプロセスをマネジメントできる運営組織の存在と協働の体制、仕組みづくりによって、住民の積極的参加とアソシエーションや公的組織の関心を得ることができ、これまで存在しなかった各地区における新たなコミュニティをも創り出すきっかけにもなるのである。このような展開は、それにふさわしい場所を物理的に創ることと両輪をなすものである。

行政支援の方向性

人口減少と少子高齢化の進行で自治体の財政が圧迫されたのと、市民ニーズの量・質が変化した影響で、自治体が保有する公共施設総量が過剰になったり、公共施設の維持管理、運営や更新の費用が捻出できない状況が日本の全国に拡がっている。各自治体では、「公共施設等総合管理計画」を立案して公共施設の適正量を算出、その目標に向かって施設量を削減、または集約化しようとしている。しかし財政難によって不要となった既存施設の解体自体もままならない状況が今後予想される。

一方で、市民の生活環境の質を維持、

向上させていくことは不変の課題であり、それを縮退社会の中で実現しようとすれば、公共施設を提供しながら市民団体や社会的企業、アソシエーションなどに地域コミュニティの拠点の運営を委託していくことも考える必要がある。サンサルヴァリオの設立に際して、トリノ市が所有する公共施設であった公衆浴場の建物を提供したことはその一例と言えよう。

ある調査によれば、2050年頃までに日本の小中学校の校数は、現在の1/3、10,000校ほどが減少するという。税金で整備した資産を有効に生かすために、また、同時に市民の生活の質の向上を目指すために、小中学校の廃校舎を再利用することは重要かつ有効な方法である。その際、今までのように財源の支援だけでなく、「地区の家」の事例のように自治体が持つ公共施設を新たな社会サービス提供の場として積極的に提供し、市民や民間組織に運営を委託するという協働体制をつくることが肝要である。それによって、市民生活の質を高めることが自治体のこれからの役割であろう。

運営組織の職能

運営団体の技量

サンサルヴァリオとヴィア・バルテアの運営は、社会的協同組合など複数の専門的分野の知識や技術を兼ね備えた人員で構成された組織で行われている。ロッカフランカでも運営の一翼を担うカッシーナ・ロッカフランカ財団には、社会的協同組合などが参画している。そこには、全体の方向付けに対して責任も持ったマネージャーがおり、それとともに、運営側にも市民が参加する参加型マネジメントモデルを実践している。それぞれの「地区の家」を運営する組織には、地区の社会的な状況に関する知識を持ち、それに関連付けができるような文化的、組織的、運営的能力を兼ね備えた人員が運営にあたっている。運営者は、個人や団体も迎え入れ、話を聞き、付き添い、支援する専門家であり、コミュニティに対して文化的生活を支援する指導者でもある。

専門家の関わり方

「地区の家」のプロジェクトのコンセプトを立ち上げ、サンサルヴァリオとヴィア・バルテアの設立と運営に関わったアンドレア・ボッコ氏らや彼が

主宰した地区発展事務所の地域に対する関わり方は、「地区の家」のような住民が主体となって多様なサービスを提供する拠点づくりに対して大変示唆的である。専門的知見を持つ専門家が地域に関わる場合、知見を持っているがゆえに理想的な方向性を地区のコミュニティに押し付けてしまう状況が得てして起こる。しかし、彼らは徹底的に「ソフト」なアプローチをとった。つまり、建築をつくることを最終的な目的にするような、いわば外科的な関わり方ではなく、地区の住民と対話して、何が必要なのかを把握するところから始めて、次第に地区の住民が活動の主人公になっていくように、衰えていたコミュニティの力を内部から治癒させていくような内科的な関わり方を辛抱強くとったのである。

日本においても、建築家の職能と社会が建築家に求めていることの変化についての言説が盛んになってきている。[1] 建築行為が地区（住民）に何をもたらすのか、そして、建築家は、地区を再生していくことに継続的に関わっていけるのかという問いに、アンドレア・ボッコ氏らの活動はひとつの光を投げかけてくれている。

また、既存建物を改修して使うことの社会的な意義や波及効果を考えると設計・計画プロセスの重要性は一層高まる。建築家は建築設計に関する条件を明らかにするだけでなく、建築完成後の運営体制や活動プログラムについて、建築自体を構想したり、または完成する前の段階から検討を始めるプロセスに参画し、協働することが不可避となろう。これは、住民主体の活動を主軸とする公共建築をつくる際には今後その必要性が一層高まると思われる。計画・設計プロセスに市民や住民のニーズを明らかにするためにワークショップなどを行っていく手法は、最近の公共建築の建設プロセスで当たり前になりつつあるが、その中身を見ると参加の事実をつくったという言い訳に使われたり、建設自体を目的とした参加プロセスも見られる。公共建築が「みんなの場所」となるには、建築の企画・計画・設計から完成後の運営に関わり「地区全体の生活的統合を目指すコミュニティ・アーキテクト」[2] として関わっていくことができるプロセスづくり、

1　槇文彦「漂うモダニズム」『漂うモダニズム』左右社、2013年、槇文彦・真壁智治編著『応答 漂うモダニズム』左右社、2015年、槇文彦「建築論壇　変貌する建築家の生態」『新建築』新建築社、2017年10月号

2　太田實「風土と表現　北海道のコミュニティ・アーキテクトをめざして　状況への直言」『新建築』新建築社、1982年2月号

そして職能をつくっていくことも求められよう。

行政と民間の役割分担

社会サービスの提供を行政に成り代わって民間団体が行政と連携・協働しながら行うという公民協働の意味についても3つの地区の家の事例から学ぶところは大きい。

特に3つの「地区の家」が活動プログラムを計画する際に熟慮していることは、イベントや講座などの活動プログラムが単発で行われるのではなく、それらを連動させるように仕向けていることである。ロッカフランカでは、モロッコの子どもたちにアラブ語を教えるプログラムがその母親たちにイタリア語を教えるきっかけをつくり、食育プログラムは、イタリア人の子どもたちだけでなく、ケニアの学校とを結んで国際的な食糧問題を考えさせるチャンスをつくった。サンサルヴァリオの全館イベントである民族音楽祭は、地区に暮らす多国籍の人々の文化を紹介して、民族間で異なる文化への共通理解を深め、コンフリクトの芽を摘んでいこうとする意図がある。

ヴィア・バルテアのキッチン・クラブも食を通じて異なる文化の理解を深めることに寄与している。また、中学校の実地型ワークショップの実施や、青少年に対するカウンセリング、職業指導などに住民やアソシエーションを講師として参加させることも、単一の行政セクションでは実施できない複合的な目的を持った活動プログラムの展開例である。しかもこれらの活動が行政の公式な行事ではなく、「地区の家」が主催して行われている。民間組織が主催することで、ある時は企画者となり、ある時は参加者、支援者になる住民たちの活動への参加形態のバリエーションと参加への敷居の低さ、さらに活動プログラムの内容の柔軟性がつくり出せることも見逃してはならない。

「地区の家」だからこそできるプログラムと参加したくなるハード、ソフト両面の仕掛けがある。ここが、これらの事例から学びたい点なのである。

デザインの力

最後に指摘したいのは、市民がそこに行きたい、そこで滞在したい、そこで活動したいとワクワクする空間をつくる際に必要なデザインの力である。ヴィア・バルテアでは、インテリアのすべてをDIYでつくり上げたが、その中で目を引くのは、アレッサンドロ・リヴォワール氏（Alessandro Rivoir）の壁

面を使ったグラフィック・デザインやサインである。無味乾燥な印刷工場を人の集う「みんなの場所」につくり変えるには、彼の手による楽しげなグラフィックが効果的なスパイスになっている。彼はヴィア・バルテアに工房を持ち、そこで木工の講座を開いたり、周辺住民に自宅の修繕方法の指導などを続けている。その一方で、ヴィア・バルテアが運営を重ねるに従って必要になる改修のデザインと施工を受け持つ。

「はじめに」においても若干紹介したが、イタリアにデザインという外来語が入ってくる前に使われていた「プロジェッタツィオーネ」という言葉には、プロジェクトを全体から考え、実践する行為やプロセスという意味がある。消費されるためのデザインとはかけ離れた考え方を持った言葉である。プロジェクトの意味を考え、社会的、倫理的に何が必要なのか、それをどのように実現すれば良いのかという視点を持ち、全体を構築し、そして具体的な実践をする。その「全体に関わる」ことが重要だという思想的背景がこの言葉の中にはある。そして、3事例の取り組みにこの言葉を重ねると、「地区の家」で実践されているのは、まさにプロジェッタツィオーネであることに気づくであろう。まず建築をつくることから始めるのではなく、何が地区に必要なのかを地区の住民とともに考え、その実現の仕方、運営のやり方を考え、その中で建築空間のつくり方を考え、具体的に実現させる。さらに、そこから生まれる新たな課題を解決するために、プロジェクト自体を改善する。「地区の家」は、このような実践とその継続の総体であり、プロジェッタツィオーネから生まれたのである。そして、それがこれからの「デザイン」に求められるものであろう。

日本の建築界でも、プロジェッタツィオーネの考え方は了解はされるだろう。しかし、実際にはそのような職能がなかなか成立し得ない現状をもう一度冷静に見直すことが必要なのかもしれない。

「地区の家」というプロジェクトには、地区の環境とそこで生活する生身の市民に向き合い、その質を向上させるという揺るぎない方針がある。しかもそこには、それは誰かがやってくれるものではなく、自分たちで実現していくものであるという前提がある。その中で試みられるさまざまな創造活動を受容し支えあっているのが、「みんなの場所」である公共建築としての「地区の家」なのである。

［寄稿］

みんなの場所をつくる意義

アンドレア・ボッコ　（訳：多木陽介）

　イタリアの都市は、恐らく公共（みんなの）空間を見るには特筆すべき場所だと言うと、[1]他のどの国でもそうだが、日本の読者もこのコンセプトに結びつけてイタリアの旧市街の賑わった広場や人々の行き交う街路のことを想起するだろう。だが、イタリアの都市環境は必ずしも理想的なものではない。都市は旧市街を越えて大きく広がっているし、道路空間の大半は自動車によって占領され、屋外にいるといつも安心出来るというわけではない。さらに、特にこの20年ほどの間にどこでも誰でも使えるようになったインターネットの普及によって、さらに強化された近代化と経験の個人化のプロセスによって、社会性が破壊されてしまった現在において、地域共同体のことを語るのは容易ではない。

　都市再生プログラムが各地で新しい段階を迎え、また、図書館等いくつかの公共サービスをよりインフォーマルでダイナミックな形で解釈し直す試み

があったお陰で、イタリアでは21世紀に入ってからよりハイブリッドで革新的で社会的価値の高い公共空間が生まれるようになった。

　小篠隆生、小松尚両氏の共著による本書は、地区の家と図書館と言う2つの主題をそれぞれ北イタリア各地で慎重に選び出した3つずつのケーススタディーを通して忍耐強く探求し、とても穿った解釈の鍵をいくつか提案してくれているが、それが日本での実践において豊かな成果へと繋がることを期待している。彼らの綿密な資料に基づいた分析を読んで頂ければ必要なことは全て語られているので、ここで私は「地区の家」（あるいはコミュニティ・ハブ）[2]を成り立たせている最も重要で相互補完的な2つの側面について注意を喚起しておきたい。

場所を与えること

　サンサルヴァリオの地区の家が最初

に行ったコミュニケーションキャンペーンにも書かれていたように、地区の家とは、何よりもまず、単に「自分の家にはないが自分の家のように使える空間」のある場所である。例えば、大きなキッチン、大人数で友達と一緒に会食出来る食堂、中庭、テラス……などがそうだ。これは、地区の社会文化的センターであり、自分たちが集ってゲームをしたり、会合をしたり、何かを学ぶための機会を増やすための空間なのである。

地区の家には制度的なところはかけらもなく、訪れた者を気後れさせることなく、温かく迎え入れてくれる。見るからにフレンドリーで、そこで働く人々はみなごく気さくである。居心地が良く、機能は理解しやすく、使い勝手のいい場所で、一日の開館時間も大抵非常に長い。

改修された既存の建物が場所として選ばれているのは、必要上という以上に、意図された選択でもある。地区の家の建物が、そのためにだけに生まれたものではないと言うことには重要な意味がある。ある建物が(地区の家になるために)元々の用途を変えたと言うことは、今後も変化に対応出来るということであり、将来の必要や望みを受け入れてさらに変身を遂げることも出来るということなのだ。

地区の家は、個人主義に陥り、他者への不信感を募らせ、バーチャルな世界に浸る現代社会の傾向に逆行するように、ある目的をもったグループ、あるいは偶然出会った人々同士のグループに場所を提供することで、現実の人と人の間の相互関係が活性化されるのを支援する[3]。そこで提供される活動内容も空間も多様な可能性を孕んでいるので、年齢的にも文化的にも異なる多くのグループの人々の関心と触れ合う可能性を持っている。つまり、同時的に雑多な出来事が多々起こる場所なのである。こうした特性は、本来目指したところ(ターゲットを特化せず、排他的にならないこと)であると同時に、また必要(特に採算を合わせるため)に応じての選択でもあった。

地区の家には多くの空間があるが、ひとつ重要な要素は、屋外でありながら周囲から保護された空間があると言うことである。(建物に囲まれた)「みんな(公共)の中庭」というメタファーが地区の家の空間概念を上手く説明している

1 　B. Rudofsky, *Streets for People*, Garden City, NY: Doubleday & Co, 1969

2 　Avanzi et al. (a cura di), *Community hub*, [2016]

3 　U. Hannerz, *Exploring the city*, New York: Columbia University Press, 1980

だろう。(これは、著者たちが新タイプの図書館を描写するのに選んだ「屋根のある広場」という概念と完璧に補完し合うものである。)

　もうひとつ決定的に重要な空間はカフェテリアである。食を分かち合うことは共生の基本であり、飲食の提供は、(料金が極めて安価に設定してあっても)施設の自立のために欠かせない。コミュニティ・ハブとは、「ビールを注ぎながら社会的に有用なサービスを供給する」場所なのである。さらに、カフェテリアがあれば、食に関する教育活動も出来るし、人と人が集い語らい合う場所、という場所自体の特性から、カウンセリング活動を実施するためのベースともなる。

　組織体制がフレキシブルなので、市民が地区の家で行われるイベントや活動に参加するのも簡単である。ちらっと偶発的に何かに参加することもありえるし、計画的に真剣な形での参加もありえるのだ。実際、活動プログラムに関しても、地区の家と言うプロジェクトそのものの発展に関しても、参加者にもある程度任せ、運営責任者の輪を広げる形で活動がより自発的に発生することを助長しようとするところがある。

　こうして、イタリアにおける数々の地区の家の経験を通して、計画的とは言えないまでも決して偶然ではない形で、新しい公共(みんなの)空間の概念が形成された。[4] これは、いくつかの新しい図書館がほぼ同時期に見せた発展と同一の方向性を持つものである。

共同体を強化する

　プロジェクトの始動者たちによる責任の輪が地区住民に広がり、彼らがそれを自らのものとしてくれること、実はそれが地区の家による地区強化政策の使命の最も重要な部分であり、まさにそれゆえ、時間とともにプロジェクト自体がその姿を変容して行く可能性を持っていなければならない。[5]

　そもそも、地区の家とは、住民自身が自分たちの地区のために何かすることの出来る場所である。彼らをとりまくテリトリーを再活性化するために、直接的、明示的な形で、あるいは間接的、暗黙的な形で活動する「生きた実験場(リビング・ラボラトリ)」であり、市民の側から地区のテリトリーのためになる活動やプロジェクトが生まれて来るように支援する義務がある。

　その最終的な目標は住民同士の間の人間関係をケアすることであり、その地区において彼らを繋ぐ多様なネットワークを強化することにある。今日の

ような長期化した危機的状況において都市の中で生き延びて行く可能性を増やすには、そこに住む人々の能力を育て、強化しなければならない。[6] 都市における代謝過程は、ほぼ完全に外部からの物資とエネルギーの供給に依存しているが、緊急事態にあって恐怖が募りつつある状況で、都市内部で唯一頼ることの出来る手段と言うと、連帯の精神を呼び覚まし、自分たちが本来持っている多様な能力の再認識を促すことしかない。そもそも、この政治的ミッションは、そのより教育的な役割（言語教育から批評的な消費の勧めまで）とともに、常に（その呼び名はどうであれ）「民衆の家」[7] のアイデンティティの基本的な部分だったのである。そして、このミッションが持続出来るかどうかは、かなりの度合いでそれを中心的に動かす主体となる人々がどのようなヴィジョンを持ち、彼らが長期的にどれほど惜しむことなく尽力することが出来るかに掛かっている。

　最後に、貧しい人々や社会的に排除された人々がいる地区では、所得が発生する機会をつくる必要がある。コミュニティハブは、その内部で行われる活動の中で雇用をつくり、起業を助け、場合によっては、それ自身が都市内の生産センター、つまり、熟練者、修行中の者、あるいはそれを副業としてやる人たちの仕事が、地域の日常生活に役立つ具体的な何か（例えば、食品、衣服、住居の改修など）を生産するような場所になるべきだろう。

───────

4　K.A. Franck; Q. Stevens (a cura di), *Loose space*, London: Routledge, 2007
　D. Innerarity, *El nuevo espacio público*, Madrid: Espasa, 2006
　A. Bocco (a cura di), *Qui è ora*, Macerata: Quodlibet, 2012
　C. Bianchetti (a cura di), *Territori della condivisione*, Macerata: Quodlibet, 2014

5　R. Sennett, *The Conscience of the Eye*, London: Faber and Faber, 1990
　J. Till, *Architecture Depends*, Cambridge, MA: The MIT Press, 2009
　C. Ward, *Talking to Architects*, London: Freedom Press, 1996

6　Y. Friedman, *L'architecture de survie*, Paris: Casterman, 1978
　E. Manzini, *Politiche del quotidiano*, Roma: Edizioni di Comunità, 2018

7　（訳注）19世紀末よりフランス、ベルギー、ドイツ、イタリア等欧州各地で労働者階級の人々、彼らを代表する政党等の集会所として作られたもので、福祉、文化、レクリエーションなどのための機能も備えた施設であった。スミズーラのメンバーにとっては、その政治的背景や組織形態よりも、多様な活動を包含する場所と言う意味でモデルとなっている

第 2 部

知と市民をつなぐ
「屋根のある広場」

第 1 章

市民の場所、そして文化の拠点をつくる
ボローニャ市立サラボルサ図書館

　朝10時を迎える頃、ボローニャ中心街の有名なマッジョーレ広場（Piazza Maggiore）に面するある組積造の建物の前に、100人を超える市民が集まっている（写真1）。そして10時になると、彼らは小さな入口から建物の中へ。彼らは「サラボルサ図書館」（Biblioteca Salaborsa：以下、サラボルサ）への来館者。日本でも定期試験の頃になると、中高生が図書館前で開館を待つ姿を見るが、ここの年齢層は幅広い。また夏冬のバーゲン・セールの始まりを待つ、少々殺気だった雰囲気とも違う。穏やかに、しかし開館時間とともに、中へと吸い込まれていった。

ボローニャの魅力と課題

　サラボルサがあるボローニャ市は人口約37万人（2018年現在）。歴史の街、大学の街、そして美食の街として知られる。第2次世界大戦では反ファシストやナチスに対するパルチザンの戦いが繰り広げられ、街の各所が破壊されたが、壊滅的な戦災には至らなかったことから、各時代の遺産が今なお残っている（写真2）。街を歩けば、全長約40kmの印象的な屋根付きの柱

写真1　サラボルサの開館を待つ人々

写真2　ボローニャ中心街に立つ
中世期に建設された監視塔

写真3　ポルティコ

廊ポルティコ（Portico：写真3）が、私たちを街の各所に連れて行ってくれる。1088年に創立したヨーロッパ最古の大学であるボローニャ大学（Università di Bologna）もそのひとつ。日本の大学のような広大なキャンパスはなく、このポルティコで結ばれた建物群の中に分散して、教育研究が行われている。また、ボローニャは毎年春に開かれる国際児童図書展（Fiera del Libro per Ragazzi di Bologna）の開催地としても有名であり、日本ではミートソース・スパゲッティとして知られるボロネーゼは、その名の通りボローニャ生まれのパスタである。このようにボローニャの魅力をあげれば切りがないが、歴史文化の基盤が充実したヨーロッパでも指折りの都市であることから、2000年にEUから「欧州文化都市」に指名された。

しかし、そのボローニャもイタリアの他都市と同じく、若者の高い失業率や貧困層および移民の増加といった社会問題に頭を悩ませている。またボローニャの高齢化はヨーロッパ有数の水準にあり、かつては困った時には家族で支え合ったが、その力も弱まっている。頼みの行政は財政力不足で、政治は残念ながら市民からあまり信頼されていない。

サラボルサの建築とその魅力
——ローマ時代から現代まで

このような中世ヨーロッパの雰囲気を色濃く残し、学術と文化が盛んな街で、サラボルサには平均して毎日4,000人を超える人々が訪れている（写真4、図1）。開館した2001年当時は、マルチメディアや無料のインターネット端末を多数揃えたイタリアで最も情報化の進んだ公共図書館としての評価を得たが、今ではボローニャへの観光客が目指す目的地のひとつであり、また政治家や行政がボローニャの今を紹介する格好の案内先になっている。

サラボルサとはイタリア語で証券取引所を意味する。なぜ証券取引所なのか？　その理由は、今は図書館として使われている建物は、かつて証券取引所として使われていたからである。また、ボローニャ市民は「サラボルサ」と呼んでいるが、それは図書館の愛称としての意味以上に、従来の

写真4　サラボルサのアトリウム

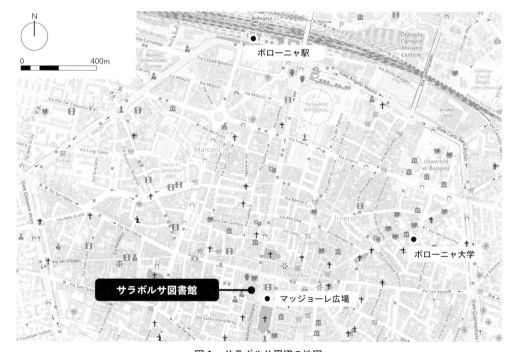

図1　サラボルサ周辺の地図
（© OpenStreetMap contributors／openstreetmap.org を筆者加工）

写真5　マッジョーレ広場

公共図書館とは一線を画するサービスや活動プログラムが提供されているためでもある。

では、サラボルサに入っていこう。

サラボルサは、ボローニャ中心街の代表的な公共空間であるマッジョーレ広場に隣接し（写真5）、ボローニャ駅から南へ延びるインディペンデンツァ通り（Via dell'Independenza）とウーゴ・バッジ通り（Via Ugo Bassi）の結節点に位置する（図2）。サラボルサの建築自体は、周辺の建物と同様に組積造であり、入口や窓といった開口部は小さく、屋外から中の様子を窺い知ることはできない。また歴史的景観を保護する観点から、外観を変更するような改修や看板、バナーなどの設置も認められていない。

しかし、小さな入口から入ってしばらく歩くと、3層吹き抜けのアトリウムが私たちを待ち受ける。狭いアプローチ空間を通ってこのアトリウムに入るという空間的演出は、初めて訪れる人に図書館であることを忘れさ

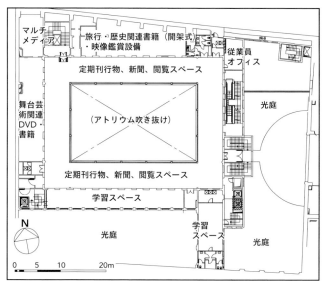

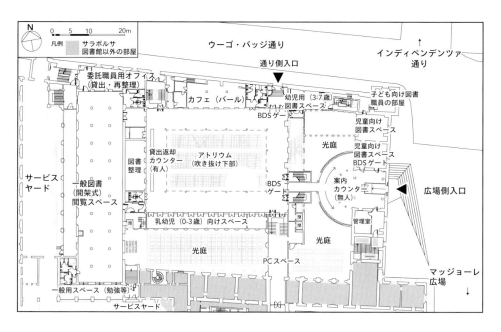

図2　サラボルサ平面図および階構成（上：2階平面図　下：1階平面図）
（サラボルサ提供資料を筆者加工）

写真6　3階からアトリウムを見下ろす
（1-2階は図書館スペース、3階はアーバン・センター）

せるような印象を与えてくれる。

　サラボルサは地上3階、地下2階からなる（図2、写真6-10）。1階には職員のいるカウンターこそアトリウム内にあるが、開架の図書スペース、乳幼児や児童向けのスペース、カフェはその周囲に配置されている。2階にはアトリウムに面して定期刊行物や新聞の閲覧や読書のためのスペースが配置され、その奥に各種図書の書架や静かに読書や学習を行うためのスペースがある。また、2008年からは3階に Urban Center Bologna（以下、アーバン・センター）が入っている。アーバン・センターでは、パネルや模型、映像によるボローニャの都市の魅力や駅周辺の再開発、住宅団地の再生といった各種のプロジェクトを紹介する展示、会議やワークショップ、ボロー

写真7　アトリウムに面する閲覧スペース（2階）

写真8　アトリウムに面する閲覧スペース（2階）

写真9　一般図書（開架）と閲覧スペース（1階）

写真10　ローマ時代の遺跡（地下）

ニャ大学の授業等が行えるスペースが用意されている。後ほど説明するが、ボローニャ大学はサラボルサとアーバン・センターの開設や運営に助言や専門的な知識や技術の提供、出資などで関与しており、アーバン・センターを大学のサテライトとしても利用している。

　一方、地下1階には図書館整備時に発見されたローマ時代の遺跡が部分的に保存、修復され、見学することができる。アトリウムの床を一部ガラス張りにすることで光を採り入れており、アトリウムからも足下に遺跡を垣間見ることができる。

　このように、サラボルサは図書から知識を得るだけでなく、ボローニャの過去、現在、そして未来に触れることができる場所なのである。

開館から現在まで

　初めてサラボルサを訪れる人の多くは、豊かな装飾を身にまとった内部空間に目を奪われるかもしれない。しかし、多くの来館者はそれを目当てにやって来るのではない。ではなぜ4,000人を超える人々が日々来訪するのか。それを理解するために、まずサラボルサの誕生と開館後からこれまでの経緯を知っておこう（図3）。なぜなら、サラボルサが成功している要因のいくつかがそこに隠されているからである。

開館前
①「市民の場所」と「文化の拠点」構想
　現在サラボルサとして使用されている建物は、1880年代に市庁舎（Palazzo Comunale）の一部に行われた増改築によって現在の形になった。その後、郵便局や証券取引所、レストラン、銀行、小劇場等と用途が変わり、1990年代には市の都市計画部門が使用していた。一方、1980年代末に、マッジョーレ広場とその周辺を再整備する地区整備計画「マッジョーレ広場周辺の都市公園整備（Parco Urbano di Piazza Maggiore）」が策定された。その中で、中心街の広場のあり方と現在サラボルサが入る建物の活用方法が重要な検討課題のひとつになった。特に、屋外の「屋根のない広場」であるマッジョーレ広場に対して、この建物はまさに「屋根のある広場」として「市民の場所」にしようという考えが生まれ、この2つの「広場」をいかにつなぐかが検討のポイントとなった。

　また偶然にも同じ頃、都心に立地する古文書館と市民向け図書館の見直しが行われていた。特に、市民向け図書館は当時廃れていたため、「文化の拠点」として再整備することが検討されていた。つまり、都心の再整備における「市民の場所」づくりと公共図書館再整備における「文化の拠点」づくりという2つの整備計画の方向性を合致させる機会が訪れたのである。

　ここで注意しておきたい点がある。「文化の拠点」をつくると聞くと、日本では芸術活動の拠点づくりが行われるのだと理解されるかもしれない。しかしここでは、市民やコミュニティをつなぐ拠点という意味で使われて

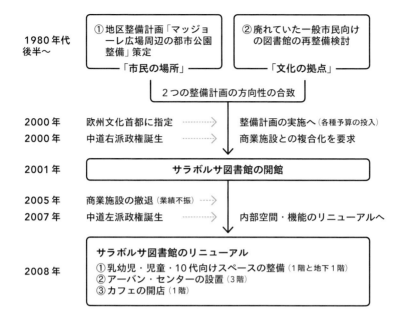

図3 サラボルサの整備経緯
（関係者へのヒアリングを基に筆者作成）

いる。つまり「文化」とは、市民が一体化するところに生まれるものと考えているのである。しかし当時の議会は、大きな収益が期待できる中心街の一等地の活用方法として「文化の拠点」は適切でないと考え、この整備計画にあまり賛同しなかった。これに対して市の行政当局には、「文化の拠点」として社会に開かれた場所を用意するのは、行政が担うべき仕事であると考えていたため、この整備計画は頓挫こそせず、見直されながら進んでいった。

②構想の具体化、そして開館へ

図書館の整備計画の具体的方針としては、(1) 社会と直につながった場所、(2) 多文化が共生する場所、(3) 新しい情報技術に触れることができる場所として整備することが目指された。また、同じく中心街に立地するボローニャ大学の大学施設は老朽化が進んでいたが、歴史地区に立地してい

るため建物の大規模な増改築が禁止されており、拡張的な施設整備は困難であった。そこで、大学生が日常的に勉強できる場所を図書館内に確保することも計画条件に加えられた。つまり、従来の公共図書館に求められる空間や運営とともに、市民のさまざまなニーズに応える空間と運営が行われる場所を、マッジョーレ広場周辺の地区整備計画とも連動しながら整備することを目指したのである。この整備計画は、1995年にEUがプラハやブリュッセル等の6都市とともにボローニャを2000年に「欧州文化都市」に指定することが決まったのを契機に、実現に向けて動き出した。

しかし、1999年に誕生したボローニャ市の中道右派政権はサラボルサの優れた立地性に着目して、収益施設と公共図書館の複合施設として整備することを要求した。理由は先に説明したとおり、公共図書館だけで中心街の一等地を使うのは十分ではないとし、より収益を上げることを求めたためである。その結果として、図書館とともに民間経営の高級レストラン、ワインバー、書店が入った複合施設として計画され、2001年12月にサラボルサは開館した[1]。

開館後の様子と再整備
①収益施設の撤退とサラボルサ再整備

サラボルサは中心街に立地するという利点とともに、当時のイタリアではマルチメディアにいち早く対応し、IT端末が自由に使える公共図書館であったことから、すぐに人気の場所になった。計画時点では1日の来館者数は2,000人を見込んでいたが、実際には平均4,000人を超える市民が来館するようになった。

しかし、政治的要請に基づいて導入された高級レストランと書店は売り上げが伸びず、また家賃の未納も発生したため、4年後の2005年に撤退した。2001年の開館当時、収益施設との複合化によってサラボルサの当初のコンセプトはねじ曲げられたと、サラボルサの運営関係者は考えていた。

---

1 マッジョーレ広場とサラボルサの整備資金として、市は国（労働省）から1,000万ユーロの補助金を得た

写真11　10代向け図書スペース（地下1階）　　　写真12　乳幼児向け図書スペース（1階）

　そこで、2007年に選挙で多数派となった市の中道左派政権は、収益施設の撤退によって空いたスペースの利用方法を検討し、翌年にサラボルサの再整備を実施した[2]。

　新たに設置されたもののうち、10代向けや乳幼児や児童の図書スペース（写真11、12）は市民とのワークショップ（WS）を開催して、そこに集まった利用者の声に基づいて整備された。特に10代向けのスペースについては、青少年が参加するWSを通じて実現した欧州では最初の公共図書館となった。その一方で、サラボルサでは多くの情報がインターネット経由で入手できるようになっていることから、図書の閲覧室に従来の面積は不要と判断し、縮小された。

②アーバン・センターの開設

　同じ時期に3階に入ったアーバン・センター（写真13、14）は、組織としては2004年に設立された。市、ボローニャ大学、銀行、関連企業等で構成される委員会が運営し、加盟団体は資金も出している。センターの役割は、主に大学との共同研究や都市再生プロジェクトの支援である。ボローニャ大学の教員もこのセンターの活動や運営に参画しているが、大学関係者はセンターの各種企画を自ら立ち上げる主体ではなく、基本的にはセン

2　2008年の再整備の資金は、空間・機能の変更、家具やサインについては市や州、銀行の財団等からの出資（計70万ユーロ）を受け、子ども向けスペースの整備は国（家族省）からの出資を受けた。アーバン・センターの整備資金はセンター自身が用意した

写真13　アーバン・センターの展示スペース（3階）　　写真14　ボローニャ大学の授業などにも使われるアーバン・センターの学習ブース（3階）

ターの運営を支援する立場にある。参画する大学教員の専門は、都市社会学、都市人類学、コミュニケーション学、都市計画、芸術系などと幅広い。

　大学とセンターの関係は主に、（1）センターと直接協働するプロジェクトの実施、（2）センターが大学の研究を支援、もしくは構想段階にある研究の計画づくりや体制づくりの助言、（3）大学が独自に行った研究成果の市民への発表と共有、の3つである。特に（3）がサラボルサで行われることの意義は大きいと考えられている。その理由は、イタリアで参加型のプロセスが採られるのは、政治に対する信頼や信用が必ずしも高くないためであり、また行政サイドも現在ではある程度、市民のプロジェクトへの参画を促す必要があると考えているためである。

運営と体制の特色と課題

ボローニャ市政における図書館の位置付け

　日本の図書館法は社会教育法に基づいているため、各自治体の教育委員会が公立図書館を所管するのが一般的だが、ボローニャでは市の文化部が所管している。ただし、これはイタリアでは必ずしも一般的とは言えず、教育系部局に属する自治体もあるという。所管が文化部であることについては、この文化部が1980年代から重要性が高まってきた市民の社会適応を支援する市の事業を担当していること、また前述したサラボルサの整備計画の経緯や運営の根幹に関わる部署であることから、注目しておこう。

市人口 (都市圏人口)	37万人（100万人）		
運営形態	ボローニャ市立		
開館年月	2001年12月		
来館者数	4,650人/日		
図書関連		一般	子ども
蔵書	書籍	157,621	51,290
	雑誌	353	（データなし）
	ビデオ	19,633	8,519
	音楽CD	27,944	1,338
	電子図書	30,000	（データなし）
貸出	貸出点数	602,060	140,294
	貸出人数	42,685	12,725

表1　サラボルサの運営概要（2013年）

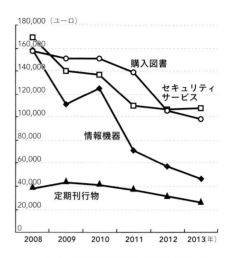

図4　予算の推移状況（2008-2013年）

　また、ボローニャ市はユネスコの公共図書館宣言に従って15の市立図書館を運営する機関（Istituzione Biblioteche di Bologna）を2008年に設立している。その中でサラボルサは、ボローニャ市のいわゆる中央図書館として位置づけられている[3]。

運営と体制の概要

　開館時間は10時から20時（土曜日は19時）である。表1はサラボルサの来館者数や蔵書数等を示す。2013年の来館者数は約122万人であり、1日平均4,650人が来館した。これは計画時の想定1日来館者数2,000人を大きく超え、またデータを入手できた2008年以降、年間来館者数はコンスタントに120万人を超えている。

　一方、図4が示すようにサラボルサの財政状況は厳しく、図書購入費等も減少が続いている。2014年時点で市の職員は司書39名と事務員4名がおり、この他警備員や委託業務などの外部職員が39名いる。しかし、予算

3　サラボルサは国などから資金を得てさまざまな整備を実現できたが、他のボローニャ市立図書館の多くも空間と機能の両面で再整備が必要とされているものの、予算不足のために十分な整備ができていない

不足のためここ数年、新しい司書を採用できておらず、給料も据え置かれている。よって開館日も、かつては日曜日も開館していたが、2013年は予算不足のため休館となり、2014年の冬は企業の支援を得て日曜日も15時から19時まで開館した。開館時間の問題が市民の図書館利用に大きく影響するのは万国共通だが、サラボルサは税金だけでなく民間資金も導入しながら休日など市民が来やすい時間に開館するように努めている。

市民や地域社会が抱える課題への対応

　イタリアの公共図書館では他の欧米諸国と同じく、伝統的に本は聖なるものとして守られてきた。そのため、閉鎖的な空間や硬直的な運営方法が一般化し、それが多くの市民の間に図書館は大学生や研究者のための場所だという認識を生み、その結果、市民から敬遠されるようになってしまった。しかし、サラボルサは多様な市民の利用や滞在を歓迎する方針をとり、実行している。よって職員は、市民や地域社会の現状や変化を肌で感じ、時には彼らのさまざまな要求への対応に追われることにもなった。

　図書の貸し出しなど従来の公共図書館で行われているサービスや活動以外で、サラボルサで提供されている特徴的なものを表2に整理した。その内容を見ていこう。

ボローニャ大学との連携と学生の滞在場所の確保

　サラボルサの整備予算は十分にあったわけではない。そこで、ボローニャ大学と協力関係を結び、運営予算の一部を大学に提供してもらうことになった。大学も財政難であるが、現在まで年50万ユーロを市に支払っている。よって、2008年の再整備に際して大学も共同運営するアーバン・センターが入居したことは、ある程度自然なことだったと言える。

　毎日の利用状況は、数多くの大学生が勉強のために日常的にサラボルサに滞在している。学生の利用者数はボローニャ大学の図書館よりも多いと言われており、市民の利用への影響を危惧するほどである。大学関係者は学生がサラボルサに集まる理由として、そもそも大学付近に学生の滞在場

対象	活動の名称、もしくは内容	活動等の目的
全市民 (多世代)	「パンとインターネット」	進歩の速い情報技術(IT)の リテラシー学習
	近隣の劇場(Arena del Sole)との 相互協力	劇場関係図書の目録作成や、 劇場とサラボルサの情報を掲載した チラシづくり
乳幼児 ・児童	「読むために生まれてきた」 (Nati per Leggere)	読み聞かせの推進と サラボルサへの来館促進
	学校の授業でのサラボルサ見学	公共図書館の役割やサラボルサの 利用方法の伝達
青少年	10代向け図書スペース整備 (2008年)のためのワークショップ	10代のために必要となる空間や プログラムの検討
大学生	大学付近での学生の学習場所や 滞在場所の確保 アーバン・センターの設置	ボローニャ大学との連携による 中心街での大学や学生の拠点づくり
高齢者	「生きた本の図書館」 (Biblioteca Libri Viventi)	高齢者の経験の他世代との共有促進
移民	イタリア語講座	イタリア社会への適応、就業等のため
	「母国語の日」 「各国の料理を楽しむ」イベント	他文化の理解促進
	各国語によるサラボルサ見学	公共図書館の役割や、 サラボルサの利用方法の紹介
ホームレス	住居や医療などの 公的サービスに関する助言、誘導	利用可能な公的サービスへの接続

表2　サラボルサで行われる特徴的な活動

所が十分にないことや、大学周辺の屋外空間は一般市民の住居にも隣接するため、最近頻発する学生の問題行動に住民から反発が起きていることなどを挙げている(写真15、16)。

　ボローニャ大学にとっては、中心街に学生の滞在場所やアーバン・センターという社会との接点を確保できただけでなく、高校生がサラボルサで勉学に励む大学生の姿を直に見ることで、ボローニャで学ぶということを実際に知ったり、大学を宣伝する機会になった。よって、これまでのところ、両者の連携による恩恵は総じて大学の方が多く受けていると学内外で認識されている。

現代社会の動きについていく術を学ぶ

　「パンとインターネット」と名付けられたプログラムは、インターネッ

写真15　閲覧スペースで学習する大学生。奥は静寂な学習スペース（2階）

写真16　アーバン・センターで学習する大学生（3階）

トを利用する際に必要となる初歩的技術の習得を目的とした学習プログラムである。イタリア人に限らず現代人は、日進月歩の情報技術から一旦離れてしまうと、その遅れを取り戻すことは容易ではない。よって、情報化を推し進めた公共図書館としては、さまざまなデジタル・コンテンツや無料で使えるPC端末の提供だけでなく、情報弱者である市民、特に高齢者や失職者、ホームレス、子育て中の母親が必要な情報を得るために、まずはコンピュータなど情報端末の扱い方を習得し、機器や技術に慣れ親しみながら、現代社会の動きについていけるように支援している。

　教師役を担う人の多くはボランティアであり、その年齢層も多世代にわたる。情報技術に長けた若者、例えば高校生が教える側になることもあり、学校もこの活動への参加を単位化するなどして、奨励している。

多文化共生や所得格差が生む課題への対応

　移民は、異文化社会への適応や日々の生活においてさまざまな問題や悩みを抱えている。よって、中心街にあって誰もが無料で入ることができ、本だけではなく情報端末から生活上必要となる情報にアクセスできるサラボルサの存在が口コミで広がり、さらには言葉の学習や仕事の斡旋、住居の取得に関わる情報を求めて、また時には要求を携えてやって来るようになった。もちろん、サラボルサはそのすべてに応えられるわけではない。しかし、親子向けに各国語の絵本を揃えたり、イタリア語講座や各国語で話すコーナーの設置、外国の料理を楽しむ会、外国人に母国語でサラボル

写真17　「英語で話そう」コーナー（1階）　　写真18　各国の絵本。日本の絵本もある（1階）

　サの使い方を説明するツアーなどを、関連する公共施設やボランティア団体と協力して実施している（写真17、18）。
　また、失業率の高さを反映してホームレスが増加すると、特に気候が厳しい夏と冬にホームレスがサラボルサにやって来るようになり、日本でも問題になるホームレスの匂いや睡眠行為に、他の利用者からクレームが多々寄せられるようになった。このような事態に慣れていない職員たちは、初めのうちは職員それぞれの判断に基づいて対応したが、人によって対応が異なることで新たな問題も生じた。そこで、まず職員のホームレスへの対応方法に関する規則をつくり、次に市の関連部署に協力を得てホームレスの対処方法を改善し、さらにホームレスにフレンドリーな対応ができる職員や警備員、そして統一した対応策や規則をつくるために社会心理学の専門家を配置した。つまり、ホームレスを拒絶し追い払うのではなく、人間味のある応対をしながら彼らが行くべき先を案内するという対応に変えたのである。結果、2年ほどの間に他の利用者からホームレスに関するクレームは出なくなった。

高齢者と社会をつなぐ

　日本でも近年、図書資料を媒介にして、市民同士の新たなネットワークづくりを進める活動が広がっている。磯井純充氏が提唱し、各地に広まっている「まちライブラリー」はその代表例であろうが、サラボルサでも同様な活動が行われ始めている。具体的には、高齢者の持つ経験や知識、知恵

を社会に活かしたいと考えるアソシエーション（ANTEAS）が2015年から始めた活動「生きた本の図書館」である。この活動は世界的には2000年頃からデンマークで始まった「ヒューマン・ライブラリー」として知られ、日本でもその活動が広がっている。人そのものを「本」に見立てながら、彼らの知識や経験を媒介にして、偏見の解消や、市民同士のつながりをつくっていこうとする活動である。

　ANTEASはこの活動を1994年から学校やイベント会場等で数多く開催してきたが、それをサラボルサでも開催することになった。具体的には、さまざまな経験をしている外国籍の高齢者等を「本」（＝語り部）として募り、例えば「移民としての厳しい生活」や「サッカーの審判の経験」といった概略を黒板や紙に書き出しておく。そして、それを見た来場者（＝読み手）が読みたい「本」を指名し、別室に移って1対1で約30分程、話を聞くのである。「読み手」が「本」を読む（＝話を聞く）際には、質問は認められるが討論は認められず、とにかく話に耳を傾け、共有することが求められるという、ユニークな活動である。

子ども向けの各種プログラム

　2008年に子ども向け、特に乳幼児向けのスペースやサービスを強化した理由は、乳幼児とともに親の来館を促すことができるためである。日本の公共図書館でも子どもとその親は主要な利用者であり、幼いうちから本に親しんでもらうために、子ども向け図書やスペースの充実は早くから取り組まれてきた。サラボルサでは、ここでできることや親子が抱える問題の解決の一助になり得る各種のサービスや活動プログラムの存在を、親に伝えることを重視している。また、日本でも普及しているブックスタート[4]に似ているが、小児科の医師が乳幼児に読ませたい本を薦める「読むために生まれてきた」というプログラムも実施している。

4　ブックスタートとは、新生児と保護者に絵本や子育てに関する情報などが入ったパッケージを渡し、親子のふれあいや本を通して活字に親しんでもらう活動。イギリスのバーミンガムが発祥と言われる

このようなプログラムが用意されているサラボルサについて、ある母親が「ここは子どもを連れてきて、一銭も使わずに一日過ごすことができる場所」と職員に語った。市民がこの母親のような感覚を持てることは、「市民の場所」としてとても重要なことであろう。

職員に求められた資質、そしてボランティアの役割
　このように多彩なサービスや活動プログラムが用意されているサラボルサであるが、開館時の職員は、ベテラン司書と新たに採用した若い司書がほぼ同数で構成されていた。後者は公募で約30名が採用されたが、大卒であることと文化分野での勤務経験があることが求められ、司書資格は必要とされなかった。2008年には新たに設置された子ども向けスペースでのプログラムに対応できる職員も採用した。
　他の公共図書館とは異なる職員体制の中で、新任の職員は図書館業務を覚える必要があった。一方、ベテランの職員は、現代の情報技術やマルチメディアを理解するだけでなく、カウンターの外で市民に接する能力や、図書館はどれだけ使ってもらえるかでその価値が決まるという認識を持って働くことが求められた。これは、ベテラン職員にとって働き方の大きな変革であり、すべての職員がうまく順応できたわけではない。
　また、各種活動の多くを担うボランティアは、人件費不足への対策以上に、利用者との間にサービス提供者と受け手という関係ではなく、サービスや活動プログラムを介した自然な双方向の人間関係を生み出すことを心がけている。ひとりの人が、ある時はプログラムの実施側になり、またある時はプログラムへの参加側になることを大事にしているのである。サラボルサでは、一人ひとりの背景は違えども、市民同士は同等であるということであり、サラボルサを「市民の場所」にしていく姿勢のひとつと言える。

多様な市民の来訪や要求を受け入れることができる理由
　このように2001年の開館以降、増加する市民の要求に前向きに対応してきたのは、サラボルサを市の文化部が所管し、「市民の場所」や「文化の拠点」として整備してきた経緯が前提にある。そしてサラボルサで日々、

写真19　サラボルサの外観　　　　　写真20　小さな入口と看板

　目の当たりにする課題に対して、空間だけでなく運営面の改革や幅広い人材を登用したことが相乗的に功を奏したと言える。
　また、天候の影響を受けやすく、使い方やそのルールが比較的不明瞭な屋外の広場に比べ、屋内のサラボルサではソフトな管理と監視の中で、ニーズに応じたサービスや活動プログラムが用意されている。つまり、市民がその目的に応じてサービスや活動プログラム、そして行き先を選択できるサラボルサの方がより「市民の場所」になりやすいという面もあるのではないか。
　しかし、基本機能は公共図書館であるため、応えられる要求は当然限られる。困り事を抱えてサラボルサにやって来る市民に対して、例えばイタリア語を習得したいという希望にはイタリア語講座を開いて対応しているが、住居や医療に関する悩みや要求には相談に行くべき先の情報を提供している。つまり、サラボルサは市民が抱える課題の解決のためのオペレーター役ではなく、市民が必要とする公共サービス自体や関連する情報、活動に導く水先案内人を担っているのである。

空間上の制約を活かす

　平均して毎日4,000人を超える市民が来館するサラボルサ。立地の良さは誰もが高く評価しており、サラボルサのアトリウムでイベント開催を望む団体も最近増えている。しかし課題も少なくない。特に、組積造の歴史

写真21　入口すぐの無人カウンター

写真22　アトリウム奥の有人カウンター（1階）

的建造物を使うことによる空間上、そして運営上の制約は大きい。そこで、ここからは「市民の場所」となるために、サラボルサは空間的な制約の中でどのような対応をし、また新たな空間づくりに取り組んだのかを見ていく。

小さな入口と入りやすさ

　サラボルサの正面入口は物理的に小さく、一見するとどこが入口かわからないかもしれない（写真19、20）。歴史地区に立地する建物であるため、看板やバナーを建物外壁に掲げることができず、広場に面した小さな入口の上に「SALABORSA」と書かれた小さな看板があるだけである。よって、初めての来館者には、入りにくいと感じる人も少なくないだろう。しかしこの物理的な制約や問題は致し方がない。むしろ注目したいのは、「市民の場所」もしくは「文化の拠点」である建物内部へ入りやすくするために、どんな工夫をしているのかである。

　サラボルサでは、誰もが自由に入れるという感覚を持てるように、アトリウムへの2つの入口には図書のBDS（Book Detection System：図書管理システム）は設置されているものの、建物の入口付近に警備員や職員は常駐していない。また、正面入口を入ってすぐの位置に半円形のカウンターがある（写真21）。これは以前の建物用途、例えば証券取引所の時代には受付として使われていたと思われるカウンターだが、現在ではパンフレットなどが置かれるに留まり、そこに職員や警備員はいない。よって、来館者は受付の目を気にすることなくアトリウムに入り、さらに階段やエスカレータを使っ

写真23　アトリウムにいる人々の姿（1階）

写真24　書架がなく滞在者の姿がよく見える閲覧スペース（2階）

て上階に向かうことができる。さらに、司書や職員が常にいるカウンターは、アトリウムへの入口に対して最も奥に配置されている（写真22）。このように、カウンターや職員などが入口付近で待ち受けていないことは、ここは誰もが自由に入ることができる場所であることを伝える無言のメッセージだと解釈できる。

アトリウム周りに見える、思い思いに過ごす人々

　アトリウムの周囲を見ると、1階には乳児向けスペースやカフェ、2階には閲覧スペース、3階にはアーバン・センターのスペースなど、市民がそれぞれの目的で滞在できるスペースがあり、書架はその奥にある。このような空間構成によって、まずサラボルサに来た人の目には図書館特有の書棚が立ち並ぶ姿ではなく、滞在する人々の姿やその様子が入ってくる（写真23-26）。サラボルサという場所でいかに市民が過ごし、使っているのかを屋外からは視認することはできないが、アトリウム周りの視認性の高い空間構成がそれを補っていると言えそうである。

　また、まず先にさまざまな市民が思い思いに過ごす様子を視認し、また自分自身もそこに身を置くという空間体験は、来館者にとって自らのセレンディピティ（Serendipity）[5]を刺激することになる。つまり、来館者にとっ

5　偶然に新たな発見をしたり、求めていたものとは異なるが価値あるものを見つけ、それによってその人の幸福を生む能力のこと。日本語の定訳はまだないとされる

写真25　閲覧スペースで思い思いに過ごす来館者の姿（2階）　　写真26　3階から2階の閲覧スペースを見下ろすと、さまざまな市民の姿が目に入る

て図書やさまざまな情報コンテンツに接するためのきっかけやプロセスが、情報技術も伴いながら用意されているだけでなく、他の来館者の存在やその振る舞い自体も、利用者そして運営者にとってサラボルサでは何ができるか、何が許容されるか、さらには市民の間で今何が受けているのか、何に関心を向けているのかなどを肌で感じるための重要な情報源になっているのではないだろうか。現代の公共図書館に存在する、そして集まってくる情報とは、図書やマルチメディアだけでなく、そこに居る人々の姿や営みすらも伝えるべき、または知りたい情報になるならば、図書館建築の計画・設計の考え方は変わっていくことだろう。

小さな空間の集合

　一般に図書館の建築計画においては、大量の図書を効率よく配架するために、まず書架の配列を慎重に検討する。よって、柱や壁が少ない空間が求められるのが一般的である。この考え方に従えば、サラボルサのように空間が細分化された建物は、図書館の物理的な計画だけでなく管理運営の面でも不都合な点が多いと言える。サラボルサでは、乳幼児や児童、10代向けの図書スペースは1階と地下階に分散し、部屋の形も不整形であるため、全体を統一的に整備するというよりも、むしろそれぞれの場所が利用者にとって魅力的な空間になるように、場所の特徴に応じたデザインや家具選定が行われている。よって、細分化された小さな空間の集合は、かえってヒューマンスケールで居心地のよい多様な空間を用意しているとも考

写真27　小部屋に確保された子ども向けスペース
（地下1階）

写真28　組積造のアーチ下の小さな閲覧スペース
（2階）

えられる（写真27、28）。

書架スペース減少の影響

　また、マルチメディアの導入が進んで情報のデジタル化が進むと、サラボルサが2008年の再整備で行ったように、開架書架や付随する閲覧のスペースが徐々に小さくなっていくことも考えられる。この変化は、書棚を整然かつ効率的に並べるというこれまでの図書館計画では重視された条件の重要度が変わっていくことを意味する。そうなると、これまで以上にさまざまなサービスや活動プログラムを望んで来館する人や滞在する人を重視して図書館の空間計画を行うことが必要となり、滞在場所の選択性や居心地が重要な計画方針や評価のポイントになってくるだろう。その場合、前述の小さな空間の集合はそのような計画方針に合致する空間的な特徴になり、既存建築を図書館に転用する可能性も広がってくると思われる。

ざわついた場所と静かな場所

　人気の高いアトリウムも、実は硬質な石仕上げのために音響性能は低く、イベントが行われると音や声が全体に響き、騒々しい雰囲気となる。またイベントがない時でも、アトリウムの周りには利用者がカフェや閲覧スペース、乳幼児向けスペースでそれぞれの過ごし方をしているので、全体的に少々ざわついた雰囲気になっている。よって、今では運営者だけでなく市民も、サラボルサは静かな場所ではないと認識しつつある。

写真29　閲覧スペースからは隔てられた奥の学習スペース（2階）

写真30　アーバン・センターの学習ブース（3階）

　しかし、公共図書館としての基本機能を維持するために、アトリウムと空間的には連続する場所は、本や雑誌、新聞の閲覧スペースや持ち込みのPCが使える学習スペースとする一方で、静かに本を読んだり勉強をしたり、グループワークに集中できる空間は2階の閲覧スペースの奥や3階のアーバン・センターに用意している（写真29、30）。日本のこれまでの公共図書館では、基本的に館内全体で静穏にし、音や声が出る活動を可能とするスペースを隔離しながら用意することがこれまで一般的であるが、サラボルサはその逆の構成となっている。

　おしゃべりの声や食器の音があちこちから聞こえる喫茶店の方がリラックスできることや、騒々しい電車の中はむしろ読書や考え事に集中できることを、誰もが経験知として持っている。さまざまな目的を持った市民に来てもらえるように運営し、また滞在してもらうことを許容する公共図書館でも、この経験に基づいて、上手く空間的に仕分けながら、適度な喧噪も許容できる場所づくりをしていくことを、むしろ積極的に考えてみたい。

サラボルサの課題

　ひとつは、計画段階での市民参画が挙げられる。サラボルサでは10代向けの空間づくりに参加型手法が採られたが、サラボルサの計画当時、イタリアでは公共施設の計画プロセスに市民が参画することは一般化していなかった。よって、ボローニャ都市圏の都市再整備プロジェクトへの参画を促すプラットフォームと言えるアーバン・センターが2008年にサラボル

サに設置されたことは、今後の都市再整備のために中心街の公共空間に市民参画の拠点を置き、大学の参画と支援を得ながら、市民参画のうねりとその体制を強化しようとするボローニャの行政、産業、コミュニティの意思の現れと理解できよう。

一方、予算不足は深刻な問題である。ここ数年の図書購入費や人件費の減少が図書館運営に影響を及ぼしつつある。加えて、2001年の開館時の職員が徐々に退職することで、サラボルサを立ち上げる時の関係者が共有していたサラボルサに対する思いやコンセプトが、次の世代に継承できていくのかという点も、懸念事項となっている。

市民の場所、そして文化の拠点としての「屋根のある広場」

「屋根のある広場」としてのサラボルサは、屋外の「屋根のない広場」とは異なる公共空間として、これからの公共図書館の方向性や新たな可能性を見せてくれている。サラボルサには、従来からの図書サービスだけでなく、さまざまな市民向けのサービスや活動プログラムが用意されており、またローマ時代の遺跡や将来の各種プロジェクトを発信するアーバン・センターも入っていることから、ボローニャにやって来た人にとってボローニャの過去、現在、そして未来を知るには格好の場所になっているのも頷ける。多彩なサービスや活動が功を奏して計画時の想定を超えた人数の市民が来館することで、日常的に人々が憩い、魅力的なイベントも定期的に開催されるマッジョーレ広場とともに、ボローニャの中心街を活性化する起爆剤となった。

建築的には、組積造建築ゆえの小さな空間の集積という建築的条件も計画上の制約ではなく、ヒューマンスケールの空間を生み出し、サラボルサが魅力的な「市民の場所」そして「文化の拠点」になるための一助にすらなっている。また、アトリウム周辺の少しざわついた雰囲気を体験し、思い思いに過ごす来館者の姿を見ると、従来の図書館特有の静寂さや緊張感が多くの市民を遠ざけた一因だったのではないか、と考えるようにもなる。

このように、既存建築の可能性を引き出しながら、今日的な市民ニーズに応える公共図書館を生み出すには、まず公共図書館に対する市民や建築関係者、そして図書館運営者の既成概念を変えるところから始める必要があると感じる。そのためには、「一銭も使わずに一日過ごすことができる場所」という母親のつぶやきのように、多くの市民が行きたくなる、居たくなる場所にするために、公共図書館の空間と運営を一体的に検討し、実現することが肝要であることに、改めて気づかされる。

　また、サラボルサは元証券取引所であった建物を再生し、ローマ時代の遺跡も保存活用することで、中心街の一等地に公共図書館としての居を構えた。その実現には、公共図書館としての先進性だけでなく、地区計画という都市計画上の位置付けがあった。収益性重視の事業ではなく、「市民の場所」や「文化の拠点」とするために公共性重視の事業を実施すること自体、英断だと言える。しかも、市民と文化をつなぐ拠点（ハブ）を実現するために、建築空間と運営の一体的な計画とともに、それが建築単体に留まらず、公共空間の質の向上を意図した都市計画や都市政策にきちんと位置付けされ、総合的かつ共創的に推進されていったのである。この点を改めて確認しておきたい。

第 2 章

"本が迫ってこない"公共図書館

チニゼッロ・バルサモ市立図書館

　乗降客でごった返すミラノ中央駅から地下鉄とトラムを乗り継いで北へ40分くらい進むと、高層ビルや商業施設が建ち並ぶミラノの中心市街地とは対照的な落ち着いた風景が広がる。街の名はチニゼッロ・バルサモ（Cinisello Balsamo：図1、写真1）。チニゼッロとバルサモという2つの街が1928年に統合されて、生まれた街である。2015年の人口は約7.5万人。100年前は人口約1万人であったが、ミラノ都市圏の発展に従い、30年前に人口約8万人になり、その後は横ばい状態である。近年は、東欧諸国からの移民が増加しており、その比率は20％を占める。この大都市ミラノ郊外の小都市に2012年に生まれた公共図書館を訪れた。

元大統領の名を冠した図書館

　トラムを降車すると、視線の先にガラス・ボックスに白い石の壁面が張り付いた外観の建物が飛び込んでくる。それが、チニゼッロ・バルサモ市立図書館である（写真2）。ここは、市唯一の公共図書館であり、その愛称は「イル・ペルティーニ（Il Pertini）」。第2次世界大戦中にナチスと闘ったパル

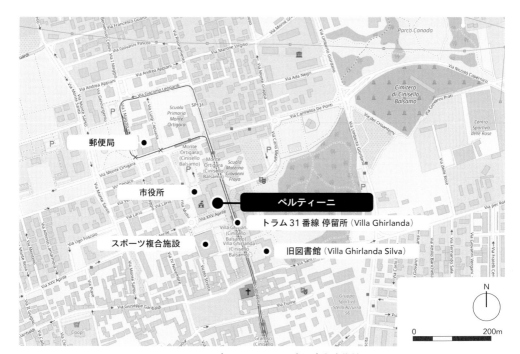

図1　チニゼッロ・バルサモ市の中心市街地
(© OpenStreetMap contributors／openstreetmap.org を筆者加工)

写真1　ペルティーニの目の前のトラム31番線の停車所

写真2　トラム駅から見えるチニゼッロ・バルサモ市立図書館「イル・ペルティーニ」

チザンであったアレッサンドロ・ペルティーニ（Alessandro Pertini）に因んで名付けられた。ペルティーニは1945年にミラノでファシズムやナチスへの蜂起を宣言してムッソリーニ政権の打倒に協力し、その後、第7代大統領（1978～1985年）に就任した。イタリアで最も愛された大統領と評されている。そこで本稿でもこの図書館をペルティーニと呼ぶことにする。

　なぜ建物の外観がこのようなデザインなのかは、図書館の地下1階に展示された写真を見ればすぐにわかる。このガラスを多用した現代的デザインと石造の古典主義的デザインが折衷した図書館建築は、新築ではなく、20世紀初めに開設したものの近年他所に移転し、最近は使われなくなっていた小学校（写真3）の建物の外壁を保存活用しながら、改築されたものである。約3万人の卒業生を送り出した小学校が移転した後、建物と敷地は市の中心部という好立地にもかかわらず、長らくは放置された状態にあった。その建物の外壁を保存活用して市立図書館へと転用したのである。

写真3　旧小学校の頃の建物外観
（www.comune.cinisello-balsamo.mi.it/spip.php?article17216）

廃校活用の経緯と建築的特徴

整備経緯

　この街に公共図書館が誕生したのは1921年。チニゼッロとバルサモそれぞれに図書館が置かれ、カトリック教会の団体が運営していた。つまり、発足当時は自治体が運営する公共図書館ではなかった。自治体が公共図書館を設置し、運営するようになったのは1975年からである。18世紀に建設され、現在のペルティーニ至近に立つ邸宅（Villa Ghirlanda Silva）の一部（約1,200m²）を使って図書館サービスを開始した。また1996年には、マルチメディアを扱う分室（約650m²）も設置していた。しかし、図書館と分室は別の建物であったために使いにくく、また今日的な市民の図書館ニーズに応えるには不十分と考えられていた。そこで、市は1998年に新図書館の基本構想を立案し、この基本構想に従って2000年に設計コンペを実施した。その結果、世界的に活躍するイタリア人建築家マッシリミアーノ・フクサス氏（Massimiliano Fuksas）の事務所出身の若手建築家リカルド・ガッジ

氏（Riccardo Gaggi）の案が採択された。

　建設工事は2006年から始まったが、2008年からは主に図書館経営や社会的交流、文化的活動といったこれからの図書館に求められるサービスやプログラム、さらには図書館内の各所に設置する家具選定に関する助言を、ヨーロッパ各地で活躍するイタリア人図書館コンサルタントのアントネッラ・アンニョリ氏（Antonella Agnoli）に依頼した。新図書館の計画関係者は、計画期間中にヨーロッパ各地の先行図書館を見学したが、アンニョリ氏が子ども向けのスペースや運営に助言したイギリス・ロンドンのタワー・ハムレッツ区立図書館「アイデア・ストア（Idea Stores）」にも訪れ、その考え方やノウハウを吸収した。

　ペルティーニは2012年9月にオープンし、邸宅で運営していた本館とマルチメディアサービスを行っていた分室はここに統合された。建物の延床面積は約6,600m^2、地上3階、地下1階の4層構成である（図2）。AV資料等を含む蔵書点数は現在約11万点であるが、20万冊までの収容能力がある。また、この市に公共図書館はこの1館であるが、ミラノ北西都市圏の33自治体（合計人口80万人）の50の図書館とネットワーク（Sistema Bibliotecario Nord Ovest）を組んでいる。登録すれば、加盟図書館から図書や雑誌、CDやDVDなどを取り寄せて借りることができる。なお、このネットワークにミラノ市は加わっていない。

　建物全体のうち、約5,000m^{2}は市民が直接利用可能なスペースである。約11万点の図書や新聞、雑誌、AV資料などを備えるとともに、この地域の歴史研究に特化した歴史文書センター（Storia Del Centro Documentazione Storica：CDS）、歴史的庭園ネットワークの本部、社会的・文化的活動の推進組織も入居している。歴史文書センター（CDS）はミラノ北部の文化遺産の保護と継承の促進を目的に、1994年に市によって設立された。また、インターネットの図書館サービス（Media Library Online）を使えば、デジタル資料に自宅からアクセスすることも可能である。

「本が迫ってこない」

　では、ペルティーニの建築の特徴を見ていこう。

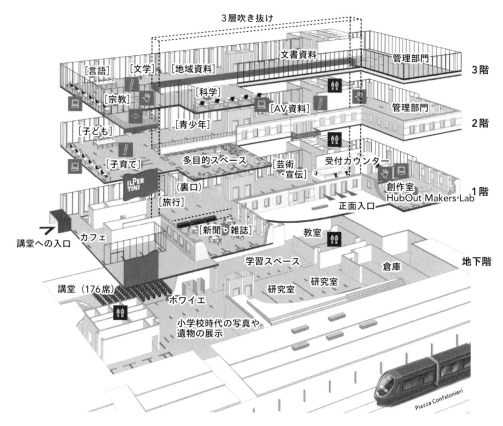

図2　チニゼッロ・バルサモ市立図書館（イル・ペルティーニ）の階構成
（www.comune.cinisello-balsamo.mi.it/spip.php?article23836 を基に筆者作成）

　保存された旧小学校校舎のコの字型平面の中央部にある正面入口を入ると（写真4）、そこには3層吹き抜けのエントランスホールが広がる（写真5）。インテリアは白を基調にデザインされているが、吹き抜け内にある階段や3階の廊下の腰壁は黒く塗られ、その対比に目が行く。また、構造体の壁柱がアトリウムに沿った空間のリズムを生み出している。来館者への案内と図書貸出受付を兼ねたカウンターは入口正面ではなく右手に、その存在感を抑えたデザインで配置されている。左手に進めば、視線の先に雑誌や新聞の閲覧スペースが、そしてその奥にはカフェが目に入る（写真6-12）。

写真4　ペルティーニの正面入口
1・2階の外壁は旧学校校舎の外壁を保存活用

写真5　入口付近のエントランスホール
連なる壁柱の右手に開架式閲覧スペース

写真6　3層吹き抜けのエントランスホール（2階から見る）

写真7　受付・図書貸借カウンター（1階）

写真8　連続する壁柱の奥にある開架図書の閲覧スペース（1階）

写真9　雑誌・新聞の閲覧スペース（1階）

写真10　チェスを楽しむ来館者（1階）

　書架やAV資料を収める棚が開架式で並ぶ閲覧スペースは、連続する壁柱群の奥にある。そこでは、スペース利用の効率性を高めるために書架群が規則的に、またぎっしりと並べられているという印象はない。閲覧スペースを無柱空間とするために、短いスパンで立つ壁柱による構造システムが採用されているのだが、この壁柱の連続が、吹き抜けたエントランスホールと閲覧スペースを区切る柔らかな境界として効いている。図書館建築の名作を思い浮かべると、エリック・グンナー・アスプルンド（Erik Gunnar Asplund）が設計したストックホルム市立図書館のように、大量の図書や書棚群を見せることで知の殿堂たることを誇示するデザインは図書館建築におけるひとつの定型手法であり、そのようなデザイン手法が採用されるこ

写真11　吹き抜け側からみたカフェ（1階）　　　写真12　カフェの内部（1階）

とは今なお少なくない。しかし、ここペルティーニでは、特に入口周辺ではそのような空間構成にはなっていない。また1階に配架されている図書も、芸術系や旅行関連といった、比較的親しみやすい分野のものになっている。

　この空間構成の特徴に関して、あるボランティア・スタッフがペルティーニの印象を「ここは本が迫ってこない」と話してくれた。筆者にとってこの言葉はとても新鮮に響いただけでなく、その意味が大変印象的であった。つまり、図書館に入った途端、待ち構えていたかのごとく本や書架が存在感を持って並んでいることで、図書館から足が遠のく市民が少なからずいるということである。公共図書館という場所に対する市民の今日的かつ素直な反応だと言える。公共図書館を、広い意味で市民が「知りたいこと」に触れることができる場所にしたいと思うのであれば、一度立ち止まって、この言葉の意味や対策を考えてみたい。

多目的スペースと創作室

　階段で上階に向かうと、開架図書と閲覧や学習用スペース、そして多目的スペースや創作室が待っている（写真13-16）。

　2階には子どもや子育て世代向け、また青少年向けの図書、そしてAV資料が並ぶ。1階よりも図書が多く、比較的静かで落ち着いた雰囲気の閲覧スペースでは学生や市民が調べものや学習を行っている。全体に比較的

写真13　子ども向け図書スペース（2階）

写真14　AV資料スペース（2階）

写真15　文学・言語関連図書スペース（3階）

写真16　宗教関連図書スペース（3階）

若い世代の姿が目に入り、子どもたちの声も聞こえてくる。3階へ行くと、文学や言語、宗教、科学、そしてこの地域に関する資料が並んでいる。雰囲気は2階よりも静かで落ち着いており、利用者も集中して図書や資料を読みふけっていた。

　一方、2階の吹き抜けの横には、さまざまな集会が開催できる多目的スペースと創作室（HubOut Makers Lab）がある（写真17-20）。

　多目的スペースは、2階の廊下やエントランスの吹き抜けとは空間的に連続しているため、スペースでの活動の様子が容易に視認できるとともに、子どもたちの声を耳にすることで聴覚的にもその雰囲気を共有できる。また家具が多くのスペースを占めるようなことはなく、また置かれている家

写真17　吹き抜け側から見える多目的スペース（2階）

写真18　多目的スペースの内部（2階）

写真19　創作室「HubOut Makers Lab」（2階）

写真20　創作室「HubOut Makers Lab」の内部（2階）

具も可動式とすることで、さまざまな人数や目的の活動や行事で利用できるようになっている。その中で、窓際に置かれた柔らかな曲線でデザインされた大きなソファに目が行く。その形態も印象的だが、誰もが自由な姿勢でゆったりと滞在することを誘っているかのようだ。訪問時にちょうど見かけた子どもに親が読み聞かせをしている場面は、このスペースの日頃の様子や可能性を感じさせるものであった（写真25上段右）。

　一方、創作室は遮音のためにガラスで間仕切られているが、他の利用者も中の様子を確認できる。内部は、図書館特有の整然とした雰囲気とは大きく異なり、個人では所有しにくい3Dプリンターや各種工具を用意した、まさに作業部屋、工房である。建築的には、ガラス張りの空間とすること

写真21　個室の学習スペース（地下1階）

写真22　講堂（地下1階）

で、機械音や作業時に発生する各種の音や粉じん等の拡散を防ぎつつ、視覚的に一体化することが意図されている。近年、日本でもこのような創作活動を支援するスペースや設備を導入する図書館を見かけるようになった。図書やAV資料等の既成の情報を一方通行で受け取るだけでなく、それをきっかけや教材にして、またスタッフの支援も得ながら、創作活動やその成果の発信といった自己実現や、市民の就業や起業支援に向けたスキルアップなど、その目的はさまざまある。創作室でも、スタッフと市民は学校のような「教師と生徒」といった間柄ではなく、対等の立場で創造のための技術や知識を学びあい、また社会的なつながりを創成するために活動している。またその一環で、ワークショップや集会なども定期的に開催されている。

記憶の継承

　地下1階に行くと、学習スペースと講堂が設置されている。この学習スペースは、主に学生の学習のために用意された（写真21）。訪問時には集中して学習する学生だけでなく、友達とのおしゃべりを楽しむ姿もあった。学習のための静かな部屋というよりも、学生のための専用室といった方が実態に即しているかもしれない。また、176名収容の講堂（写真22）には、図書館の開館時間以外も利用できるように、講堂横にあるホワイエに直接入ることができる専用の入口を地上階に設けている。この講堂のホワイエ

写真23　卒業した児童の写真

写真24　かつての小学校で使われた黒板

には、セピア色になった子どもの顔写真が多数展示されている（写真23）。かつてこの小学校に通っていた子どもたちである。また当時の黒板など、学校として使われていた時代の様子を伝える展示もある（写真24）。学校という用途はなくなり、その役割は終えたものの、建物外壁の保存や各種展示によってこの場所の記憶を次の世代に継承しようとしているのである。

居心地の良い場所づくり

　アントネッラ・アンニョリ氏は著書『知の広場』で図書館における家具の重要性を指摘しているが、ペルティーニも家具の選択を大変重視している。特に1〜2階は居心地の良い空間とするように、そこに設置する家具の選定には腐心していることが感じ取れる。旧館に比べて椅子や着座可能な座面の数が大幅に増えただけでなく、座ること自体がひとつの楽しみとなり、それがペルティーニへ行ってしばらく時間を過ごす理由にもなりそうな、カラフルな色彩やさまざまな形、素材の椅子やテーブルが用意されている（写真25、26）。

　また、椅子の形態は単に目を引くものではなく、そこでの過ごし方を暗示、喚起しているように感じる。例えば、2階の多目的スペースの大きな青いソファーは、その形が座る人を包みこむような形をしていることからも、親子で長い時間過ごすことを歓迎しているかのようだ。また、1階の雑誌や新聞の閲覧スペースには白いテーブルに黒く細い金属の足で座面や

壁柱とセットになった椅子

包み込む形の椅子

ちょっと腰掛ける椅子

個人空間をつくりだす椅子

写真25　さまざまなタイプの椅子

背もたれを支える椅子が置かれ、その軽快なイメージが、雑誌や新聞の閲覧という比較的短時間の行為とうまくマッチしている。

　さらに座っている利用者の姿勢に注意してみると、それがいかに多様かということに気づく。ノートを取りながら集中して学術書を読んでいる時の姿勢と、リラックスして小説のページをめくる時の姿勢が異なるのは、当然なことである。また、ひとりで居るのか、誰かと一緒に居るのか、それとも集団で居るのかでは、座り方や他者との距離の保ち方は自ずと変わってくる。着座の選択肢が多様に用意されているとも言える。

　一方、1階の雑誌・新聞の閲覧スペースの隣にはカフェがあるが、建物の外からその存在が見えて、直接入れるようにという配慮から1階に配置

外を眺めたり、足を伸ばして座ったり

階段下の隠れ家のような場所

座ったり、背もたれにしたり

読書や学習を楽な姿勢で

写真26　多様な姿勢や過ごし方を可能にする着座空間

されている。直接入れるようにしたのは、カフェを建物内部に置いたために図書館の閉館時に利用できなかったという、他都市の図書館での反省もふまえている。このカフェで発生する音、例えば食器が触れる音や利用者の話し声などが隣の雑誌等の閲覧スペースや、吹き抜けを介して上階でも聞こえる場合がある。よって、正面入口周りの音環境は、静まりかえった雰囲気というよりも少しざわついた雰囲気になりがちである。しかし、このざわついた雰囲気も、ペルティーニの入口付近では「本が迫ってこない」という、フランクな公共図書館づくりに寄与していると思われる。

遮音や吸音対策

　床は石等の堅い材料で仕上げられているため、音や声の反響が気になるところだが、そのための建築的な対策は特に講じられていない。よって前に述べたように、カフェで大勢が話していると、吹き抜けを介して3階まで音や声が届いている。この音や声の反響に対して、上階の利用者からの苦情はこれまでのところないが、カフェの横にある雑誌等の閲覧スペースの利用者からは時々、騒々しいという苦情を受けている。しかし、これまでのところ大きな問題にはならずに済んでいる。それは、静かに学習できる部屋が地下1階に確保されていることから、ニーズに応じて館内の部屋や場所の使い分けができているためではないかと考えられる。

開館後の様子

　ペルティーニは約8万冊の図書の他、DVDを約9,000点、音楽CDを約3,000点備えており、図書館だけでなくインターネットでの検索や貸出に応じている。また、雑誌を165誌、新聞を13紙、5,000以上の電子図書を提供しており、電子図書は家でダウンロードもできる。この他、新聞や定期刊行物など約2,000点をインターネット・サービス「MediaLibraryOnline」で提供している。インターネット端末もペルティーニ内に33台用意している。

　開館後、来館者数は大きく増加した(表1)。邸宅を利用して運営していた最終年の2011年には約21万人だった年間来館者数は、2014年には約52万人と2.4倍になった。社会的交流や文化的活動の開催数は年間約800回と約3.7倍、参加者数は約2万3,000人と約4.9倍になった。社会的交流や文化的活動の増加は、図書館自身の努力以上に地域のボランティア団体に依るところが大きい。これに対して、図書の貸出冊数・点数は年30万冊・点であった。イタリア国内の他の図書館と比べても良い数字とのことで、2014年の貸出数は2011年比で約28％増、またAV資料や雑誌等を含む図書資料の購入点数も約19％増である。しかし、来館者数や社会的活動の増加率と比べるとその伸びは低い。このような傾向は、計画時に参考

	旧館 （2011年）	ペルティーニ （2014年）	備考（ペルティーニ関連）
延床面積	1,861㎡	6,622㎡	
座席数	185席	523席	403の座席の他、布張りの座面などが119座席分ある。なお、講堂の176席は含まない
自由に利用可能なPC	15台	33台	PC講座用20台は除く
自動図書貸出機の設置台数	1	4	
正規職員数	22名	27名	
週あたりの開館時間	63.45時間 月：14:00〜19:00 火〜金：8:45〜12:30、14:00〜23:00 土：8:45〜12:30、14:00〜19:00 日：閉館	67時間 日〜火：14:00〜19:00 水〜土：10:00〜23:00 （冬期は22時で閉館）	
購入図書冊数・点数 (/年) （書籍、CD、DVD、雑誌等）	8,987点	10,654点	開館前に多くの図書資料が購入されたが、開館後は抑制されている
図書資料の貸出点数 (/年) （書籍、CD、DVD、雑誌等）	232,827点	297,443点	貸出サービスの水準は国内平均よりも高い
来館者数 (/年)	215,248人	517,203人	
社会的交流・文化的活動の 開催数と参加者数 (/年) （集会、展示会、上映会等）	128回 4,625人	805回 22,703人	ボランティア組織の貢献が大きく影響している

表1　旧館とペルティーニの比較

にしたロンドンのアイデア・ストアでも見られる点であり、その理由を知る必要があろう。

　まず来館者数や貸出数がともに増加した主な要因としては、以下の点が考えられる。

①開館時間を平日は10時から23時まで（冬期は22時まで）、土曜日は19時まで、日曜日も午後から開館するというように、週あたりの総開館時間を旧館よりも長くしたこと。

②2009年に開通したトラム（31番線）の駅に至近という場所に立地していること（図3）。ミラノ都心からチニゼッロ・バルサモ市の中央部を結ぶこのトラム線の沿線には、ペルティーニに隣接して立つ市役所の他、病院、郵便局、高校や大学、スポーツ施設などが立地しており、公共サービス拠点の集積地となっている。このことが、多くの市民の来館を促し、また開館時間の延長にもつながっている。

図3　トラム31番線と沿線の公共施設
(筆者作成)

③一般に、イタリアの公共図書館の空間や運営の質は高くないとみなされているため、そもそも図書館への来館者数は必ずしも多くなかったこと。よって、チニゼッロ・バルサモの図書館が建て替えられ、サービスも改善されたことから、近隣の街やミラノからも来館者を集めている。

④移民向けの語学教室や手仕事の講座、ワークショップを始め、市民向

けのさまざまな学習プログラムを提供するようになったこと。

　これを見ると、ボローニャのサラボルサ図書館と同様に、開館時間の設定は図書館の利用を促す上で重要な運営課題となっている。また、街のどこに存在するかという立地の問題や、空調がされて魅力的な家具が配置された室内空間は、市民の利用を促すだけでなく、公共交通ネットワークとの接続が良好であれば、周辺自治体の住民すらも利用者として呼び込めることを示している。これに加えて、移民への言語講座のように、社会への適応を支援するプログラムやサービスが提供されていることは、サラボルサと共通している。つまり、図書の貸出数に直接つながらないプログラムやサービスが、図書の貸出数以上に来館者数を押し上げている要因と考えられる。社会への適用支援など、さまざまな目的での来館を促すプログラムについては、後により詳しく述べたい。

市民の認識を変え、ニーズに応える

市民の本離れ、そして勉強部屋という認識

　ペルティーニは従来の公立図書館では提供されていなかったプログラムやサービスに取り組んでいるが、その理由として、図書館を税金で新たに建設し、運営するには、それまでの利用人数や利用状況を大きく改善する必要があり、そのためには根本にある問題に真正面から取り組む必要があった。

　第1に、日本人と同じく、現在のイタリア人の本離れはずいぶん進んでいる。ある調査によると、イタリア国民の20%は年に2冊しか読んでいないという。このような読書離れが進んだ状況の下で、従来のように本の貸借を運営の中心に据えた図書館を新たにつくっても、また開館時にはその物理的な目新しさに関心のある利用者を集めることができても、早晩閉館の危機に見舞われることは想像に難くないとの判断があった。日本でも、1か月に本をまったく読まない人は半数弱に上り、高齢者ほどその比率が高いという文化庁の調査結果（2014年）がある。また、市民の公共図書館の利用率や登録率も高いとは必ずしも言えない。日本もイタリアと同じ課題

を抱えていると考えておく必要があろう。

　第2に、イタリアの公共図書館は学生の勉強部屋となっているのが一般的であり、それは邸宅を使った旧市立図書館でも同じであった。実際に、旧館の頃は多くの大学生が勉強目的で来館しており、それを見た市民も当時の市立図書館は学生の勉強部屋だと認識して、訪れる人は少なかった。そこで新図書館を建設するにあたっては、この市民の認識を変えるために空間と運営の改革が必要であった。日本でも第2次世界大戦後に生まれた公共図書館は学生の学習部屋としての使われ方をしたため、それを本の貸し出しを重視した運営や空間づくりへと切り替えてきた歴史がある。それでも、今も試験時期が近づくとどの図書館でも学生が勉強のために図書館に押し寄せている。これもイタリアと日本で共通の現象であり、また課題でもある。

　ペルティーニではこの改革を進めるにあたって、学生向けの学習図書だけでなく、雑誌や新聞、漫画やAV資料を提供するようにした。そのことを市民が知り、また利用した市民からペルティーニの建築的な魅力や新たなプログラムやサービスの評判が広まることで、年間利用者数が旧館の倍以上になる程、チニゼッロ・バルサモ市民や近隣自治体の住民から利用されるようになった。

　またその意味で、新図書館の名称も重要であったことは想像にかたくない。「市立図書館」という正式名称を掲げていては、これまでのように旧図書館に来なかった市民の目と足を新図書館に向けることは難しかったかもしれない。図書館の愛称として歴史的に評価の高い大統領の名前をつけるという決定プロセスに市民が関わったことが、市民の自尊心だけでなく、新図書館への関心をかき立てたと思われる。

図書館に誘う窓口──講堂、カフェ

　ペルティーニの構想時でも、今日の図書館の役割は従来のように書物を通して、主に個人が国や地域、文化、時間を越えた知的交流をする手助けをすることだけはでないと考えられていた。図書館や市民団体が自ら集会を企画開催したり、視覚や聴覚を通して、市民一人ひとりが有する知識や

関心事、経験などを共有し、またそれを基に創造的に発信することを重視した場所に変わってきているという認識があった。それが、子ども向けのスペースや高齢者と若者が交流するためのスペース、3Dプリンターを使って制作活動ができる部屋や設備を用意することにつながっている。

　また、地下階に整備された講堂も、さまざまな目的で活用できるように、図書館が閉館している時間帯でも集会などが開催できるように、専用の入口を用意している。その入口の隣の建物1階の角というトラムが走る街の目抜き通りから最も目立つ場所に置かれたカフェにも専用の入口がある。そのカフェに入ると、そこから図書館内部が見通すことができ、かつ開館時間中には図書館に入っていくこともできる。これは、前述のように、図書館内部にカフェを置いたために、カフェの経営がうまくいかなかった先例をふまえたものである。講堂とカフェ、どちらもそれぞれが持つ固有の役割だけでなく、図書館へ誘う窓口としての役割がある。

社会弱者向けのプログラム

　市にとって増加する移民への対応は重要な課題であり、ペルティーニでもそのためのプログラムを用意している。具体的には、チニゼッロ・バルサモ市は移民だけでなく難民30名を受け入れているが（2015年）、彼らへのイタリア語講座をソーシャル・アシスタントを中心に実施している。また、ペルティーニの入口には各国語で「歓迎」と書かれており、さまざまな文化的、社会的背景を持った市民を広く迎え入れるための心遣いや心がけをもって図書館運営に取り組んでいる。しかし、小さな街であり、対象となる移民等の人数はまだ限られていること、またそのための財源や人材には限りがあることから、第1章で紹介したサラボルサのように多面的に取り組んでいるわけではない。

　一方、日本では公共図書館の主要な利用者である高齢者に対して、ここペルティーニでは特別なことは行っていない。初心者向けのPC教室くらいであり、高齢者はむしろ自宅周辺の集会所へ出かけているという。この他、近隣の大学が市民向けの生涯学習のプログラムをペルティーニで提供している。

写真27 「Il Pertini」と印刷されたボランティア・スタッフ用ジャケット

計画プロセスへの市民の関わり

　ペルティーニの建設に向けて、アンニョリ氏のような図書館や建築の専門家の意見や助言を得る機会はつくられたが、図書館利用者や一般市民から幅広く意見や要望を聞いたり、合意形成をはかるような機会は、用意されたものの小規模なものだった。計画段階において市民の声を広く聞く機会はあまりなく、専門家や行政の担当者がその代弁を行ったと言える。

　しかし、工事期間にあたる2010〜2012年にこの新図書館の名前を考えてもらうために、市民を巻き込んだ試みがなされた。結果的には、前述のように第7代のイタリア大統領の名前を冠するのが良いのではないかという意見でまとまった。ペルティーニでは、ボランティア・スタッフがそのロゴをあしらった上着を着用している（写真27）。館内の見学時にカメラを向けたら、笑顔で背中を向けて、見せてくれた。

最近では、開館後の意見や要望を掴むために、インターネットを利用して市民1万人にアンケート調査を行っている。同様な調査を過去に行ったこともあるが、その時の調査対象の市民は200〜300人程度であった。意見収集のための技術的制約もあったが、市民に開かれた公共図書館の特に運営について、市民の評価や意見を確認し、運営に反映していこうという姿勢の現れである。

廃校を活用した「本が迫ってこない」公共図書館

　小都市チニゼッロ・バルサモ市で廃校を改修して開館したペルティーニ。廃校校舎を活用したその建築は、過去の記憶と痕跡の継承の点で、公共図書館の計画としてだけでなく、日本の廃校活用や既存公共建築の活用方法に示唆を与えてくれる。日本の学校は学制が発布された明治期以降、地域コミュニティの象徴的存在であり、まとまった公有地であるため、廃校になった場合の活用方法は周辺住民の大きな関心事である。まったくタイプが異なる用途に転換される場合もなくはないが、収益施設や大規模開発の場合、反対も予想される。日本では、学校教育と社会教育の連携は以前にもまして重視されるようになっており、廃校校舎や用地を公共図書館に転用することの理解は比較的得られやすいと思われる。また、地域コミュニティも利用できることから、さまざまな地域活動の維持や新たな展開も期待できそうである。

　次に、立地について。サラボルサのような主要都市の一等地という立地だけでなく、大都市近郊の小都市において公共交通網に隣接して立地することの重要性と可能性を注視しておきたい。大都市ミラノと結ばれたこのトラム沿線には複数の公共施設が立地しており、今回そこにペルティーニも加わった。公共交通による公共サービスのネットワーク形成の点からも、トラム沿線にペルティーニが立地する意義を確認しておきたい。

　さらに、「本が迫ってこない」というペルティーニの雰囲気を生み出す空間構成や活動プログラムは、「屋根のある広場」と呼ぶにふさわしい公共図書館の特徴のひとつと言えそうである。まず、建物に入ると吹き抜け空間

が迎えるという視認性が高く一体感のある空間構成は、規模は違うがサラボルサではアトリウムが迎える構成と共通点が多い。入りやすくて視認性が高く、そこで思い思いに過ごしている市民の姿が見える空間が、まず来館者を迎える。迎えるのは本の集積ではなく、まさに「本が迫ってこない」空間である。またそれは、本の貸し借りや読書、勉強に留まらない、公共図書館の今日的な役割を空間的にも機能的にも体現していると言っていいだろう。さらに、社会交流活動の充実は、市民層の変化に伴って生まれてきた新たな市民ニーズへ対応しようとする姿勢であり、この方向性はサラボルサと共通する。すなわち、「本が迫ってこない」公共図書館の空間と運営の探求は、ペルティーニ独自のものではなく、さまざまな市民に開かれた今日的な公共図書館に共通する方向性ではないだろうか。

第 3 章

知と市民をつなぐ拠点(ハブ)づくり

セッティモ・トリネーゼ市立図書館

　第1部で紹介した「地区の家」があるトリノ市から、電車で郊外へ足を伸ばしてみた。ポルタ・ヌーヴァ駅からローカル線に乗ること15分、セッティモ・トリネーゼ（Settimo Torinese）駅に到着。地方都市の駅らしく、駅舎の建物がひとつ建つだけという簡素なもの。そこから3層程度の建物が並ぶ街並み（図1、写真1）の中を歩いていくと、これまでよりも背の高い現代的なデザインの集合住宅が並び、さらに進むと外壁がうねる建物の前に到着する（写真2、3）。ここが今日の訪問先となる図書館。イタリア語表記では「Biblioteca Civica Multimediale Archimede」、日本語に直訳すると「さまざまな情報媒体を提供する市民向け図書館アルキメデス」となろうか。アルキメデスは、風呂で発見したと言い伝えられている「アルキメデスの原理」でよく知られる古代ギリシア時代のマルチ科学者である。アルキメデスの名前がニックネームとして採用されているあたりに、この図書館の特徴が暗示されている。

図1 セッティモ・トリネーゼの中心市街地
(© OpenStreetMap contributors／openstreetmap.org を筆者加工)

写真1 セッティモ・トリネーゼ駅付近の街並み

写真2　再開発地区の集合住宅（右）とアルキメデス（左）

写真3　塗料工場跡地を再開発した街区（南西からの航空写真）。
中央のカンピドリオ広場と集合住宅と商店の複合施設（手前）、アルキメデス（奥）
（アルキメデス内の展示パネルを筆者撮影）

写真4　かつてのパラマッティの工場（北からの航空写真）
（アルキメデス内の展示パネルを筆者撮影）

産業転換、土地利用変更、そして公共図書館建設

　ところで、この図書館に来るまでの街の雰囲気と、この図書館そして隣接して立つ建物の雰囲気はずいぶん違う。もう少し目を凝らすと、建物外壁の材料、高さ、スケール感などが違う。また、図書館と集合住宅および商店の複合施設で囲まれた大きな広場（Piazza Campidoglio）も。明らかに近年実施された大規模再開発である（写真2、3）。

　この敷地には約10年前まで、パラマッティ（Paramatti）というイタリアでは有名な塗料メーカーの工場建築群が建っていた（写真4）。このブランドはまだ存在するものの、1913年にこの地で操業を開始した工場自体は1974年に閉鎖され、約30年間放置されていた。街の中心部に広大な廃工場が長きにわたって存在し続けていることに、行政も市民も何か手を打たないといけないと感じていたが、2005年からようやく再開発計画が動き始め、2010年11月に市立図書館がオープンした。

　トリノは世界的な自動車メーカーであるフィアットの本拠地であった。屋上に自動車のテストコースがあったフィアットの工場「リンゴット（Lingotto）」はレンゾ・ピアノ氏（Renzo Piano）の設計でリノベーションされ、今やトリノの観光地のひとつとして知られるが、この世界的な自動車生産都

写真5　ロンドン・キャナリー・ワーフ

写真6　フランス国立図書館

　市トリノの周辺地域には多くの関連企業が生産拠点を構えていた。セッティモ・トリネーゼもそのひとつであり、フィアットが隆盛を極めていた頃には、さぞ活気に溢れていたことだろう。しかし、自動車工業の衰退や、他の工業先進国と同様にイタリア国内で進む産業転換により、長らくの間、廃工場が都市の空洞としてセッティモ・トリネーゼの中心部に放置されていたのである。

　広大な工業用地がオフィスや大学、研究所といった知的創造産業に取って代わり、そこへ図書館や美術館などの情報発信拠点がつくられることで、その土地の持つ可能性を引き出し、さらなる投資を招き入れている成功例は世界各地で確認できる。ロンドンの造船所が集積したドック・ランズの一部は、シティーに対応する金融街キャナリー・ワーフ（Canary Wharf）に生まれ変わった（写真5）。パリのセーヌ川左岸も、かつては舟運や鉄道を活かした工業地帯であったが、パリ・セーヌ川左岸協議整備区域（Paris Rive Gauche ZAC）として、ドミニク・ペロー氏（Dominique Perrault）設計の本が4冊立っているかのようなフランス国立図書館（Bibliothèque nationale de France）やパリ第7大学、オフィス、そして集合住宅が完成している（写真6）。工場建築を転用した大学図書館などコンバージョンの好例もあるが、ここは本当にパリだろうかと思わず言いたくなるような現代建築による街並みも生まれている。

　ロンドンやパリで再開発が行われた敷地の規模や国内での位置付け、社

会的なインパクトは確かに大きい。しかし、イタリアの地方都市であるセッティモ・トリネーゼにおいても、重工業からの産業転換という社会の変化とそれに伴う土地利用の変更を、公共図書館と集合住宅群という形で実現したことは、脱工業化の中で都市空間が変容し、再編されていく世界的な動きの中に地方都市も組み込まれており、アルキメデスと集合住宅はその具体例なのである。

再開発地区の中核を担う図書館の建築

再開発の経緯

　セッティモ・トリネーゼ市の公共図書館の歴史は1960年代前半に始まる。駅近くに立っていた倉庫を使い、シーザレ・ガスティ（Cesare Gasti）というこの街の有名な教育者の名前を冠して1963年にオープンし、その後、学校や公設パン工場など3か所に分散しながら図書館は運営された。この街では本屋は成功しないと言われるほど、市民にとって図書館が身近な存在であり、よく使われてきたそうで、実際に、蔵書数や利用者数は順調に伸びていった。そして、1999年にはマルチ・メディア対応の図書館サービスが開始された。ボローニャのサラボルサ図書館などと並び、イタリアではマルチメディアに対応した初期の図書館のひとつであった。さらに、2004年にはトリノ北東都市圏の公共図書館ネットワーク（Sistema Bibliotecario Della'Area Metropolitana Torinese：SBAM）のメンバーになり、セッティモ・トリネーゼの図書館はトリノ都市圏における北東エリアの拠点図書館に位置付けられた。このように図書館サービスの充実や蔵書数、利用者の増加は、図書館を拡張しようという気運が徐々に醸成していった。

　一方、1990年代からこの塗料工場跡地の再開発のために公営の図書館と民営の集合住宅を計画することが、おおよそ決まっていた。つまり、市の中心部の再開発の中核として新図書館は計画された。跡地全体のマスタープラン策定に建築家ドメニコ・バグリアーニ氏（Domenico Bagliani）が選定され、彼が新図書館と広場の設計も担当した。新図書館の設計は市と図書館関係者、そして建築家の協働で実施されたが、市民参画の点では見学会

などは行われたものの、計画プロセス自体への市民参加は行われなかった。

設計は2005年に終え、2006年から建設工事に入り、2010年11月にアルキメデスは開館した。なお、シーザレ・ガスティの名前も1階の子ども向け図書スペースに与えられた。

アルキメデスの建築概要

建物は地上4階、地下2階の構成であり、延床面積は約1万m^2。この内、図書館部分は地上2階、地下1階の約6,100m^2である（図2）。この図書館面積の内、マルチメディア用のスペースを除く約5,000m^2は、ユネスコの推奨値（人口×0.1m^2）を基に計画されている。地下には蔵書の保管室（閉架式）と駐車場がある。書架が並び、一般市民が利用できるスペースは1階と2階にまとめられている。閲覧や学習のための座席が300席、インターネット端末は100台用意されており、また館内では無料Wi-Fiが利用できる。さらに1階には広場からもアクセスできるカフェも設置されている。

オープンなエントランス

では、アルキメデスに入っていこう。

入口のポーチから図書の管理用ゲート（Book Detection System：BDS）が設置された入口ゲートを抜けると黒いカウンターが出迎えてくれる（写真7-9）。カウンターは楕円形で、色彩も床材と同系色であるため、待ち構えているような存在感はない。反対に、壁と天井は白く、また天井からは高さ50cm、長さ2m程度の湾曲したボードが吊り下げられている。このボードは吸音と装飾が目的のとのこと。カウンターは大きなエントランス空間のほぼ中央に置かれ、その先は外壁の開口部が大きく取られ、明るい雰囲気の空間である。奥には雑誌や新聞の棚があるが、本を収める書棚は見当たらない（写真10、11）。ここでは、主に高齢者が新聞や雑誌を片手に、または音楽やビデオを楽しみながら、ゆっくりとした時間を過ごしていた。

総じて、とても広く感じるエントランスであるが、それには計画上の理由がある。エントランスが関所のような存在になって、図書館へ入ることへの抵抗感を増幅させるようなことは避けたいと運営者は考えたためであ

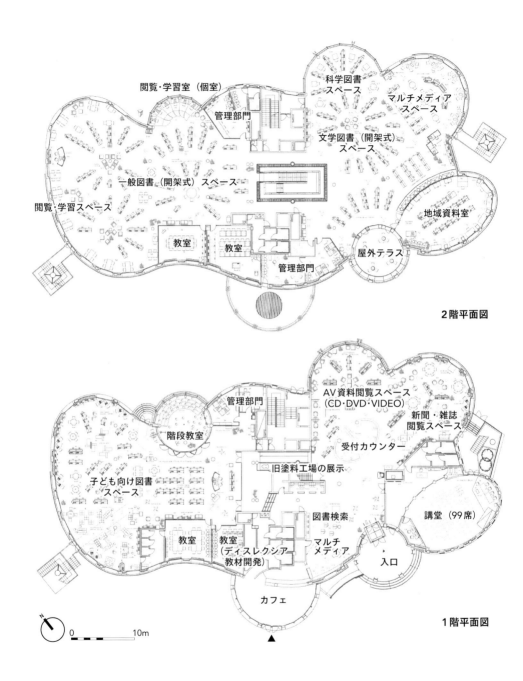

図2　アルキメデスの平面図
（アルキメデスのウェブサイト　www.biblio.comune.settimo-torinese.to.it を筆者加工）

写真7　アルキメデスの入口

写真8　入口周り

写真9　受付カウンター

る。確かに、図書館として書架が並ぶ空間は建物に入って左手や2階にあるのだが、そこへ向かう通路や階段は狭く絞り込んであり、入ってきた人の意識が、まずカウンターの背後の雑誌や新聞の閲覧スペースに向く空間構成がとられている。

　また、入口横の講堂（99名収容）は、屋外側と図書館側に入口を設けることで、図書館が閉館していても利用できるようになっている。使用頻度は高く、図書館主催だけでなく民間主催のイベントが行われている（写真12）。講堂の座席は折りたたみ式で、講堂はすぐに大広間に転換できる（写真13）。

写真10　新聞・雑誌閲覧スペース（1階）

写真11　AV資料閲覧スペース（1階）

写真12　講堂（1階）

写真13　講堂の折りたたみ椅子（1階）

この場所の由来を伝える

　では、本のある場所へ向かおう。

　カウンターの左手に進むとまず目に入るのは、この敷地にあった塗料工場に関するさまざまな資料である。この敷地や街の記憶と記録をまずは知ってもらいたいということだ。この場所が何であったかを説明するパネルや写真、そして工場で実際に使われていた機械のパーツが展示されている（写真14-15）。触わることができるものもあり、小さな産業遺産博物館のようでもある。

　では、アルキメデスの建築自体はどうか。この図書館建築は基本的に新築であり、工場建築の利活用はされていないが、工場の煙突に使われてい

写真 14　元塗装工場の歴史や機械部品の展示（1階）

たレンガが新築建物の外壁の一部に再利用されている。

　元工場の展示の先に広がるのは子どものための図書スペース。筆者の訪問日にも、近所の小学校から先生に引率されて来た子どもたちがちょうど、到着したところだった。子どもたちは先生の話も聞かず、展示された機械を触り始めていた（写真16）。

子ども向けの図書スペース

　子ども向けの図書スペースには800m²が割かれているが、ガラスの間仕切りによって館内の他のスペースや主動線からは柔らかく分離されている。ガラスの間仕切りの先には、幼児から14歳を対象にした絵本や図書が、低

写真15　元塗装工場の機械部品（階段の踊り場）

写真16　子どもたちの来訪

写真17　子ども向けの図書スペース（1階）

写真18　読み聞かせのための階段教室（1階）

い書架や床に置かれた箱の中に並べられている。また、その読み聞かせができる階段教室や子どもたちが入り込んで本が読める小空間も用意されている（写真17-19）。日本の学校建築でも最近採用されつつある「デン」と呼ばれる空間に似たつくりである。学校同様、図書館空間は子どもたちには大きすぎるので、もっと小さな空間を用意しようという意図がある。

　その横には小部屋がいくつか用意されており、そこでは集会や講座を行うことができる。その中にはディスレクシア（文字の読み書きに関する学習に著しい困難を抱える、学習障がいの一種）の子どもたちのための部屋も。中に入ると同じ障がいを持った世界の著名人の写真が貼られている（写真20）。まるで「君だけではないんだよ」と語りかけているかのようである。ここでは、イ

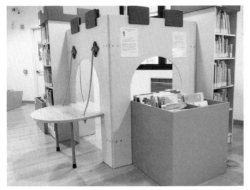

写真19　子どもたちが入り込める小空間（1階）

写真20　ディスレクシアの子どもたちのための部屋（1階）

写真21　階段室に設置された元塗料工場の展示

写真22　一般図書スペース（2階）

ギリス人が開発した絵文字を使った本の翻訳作業が、他の図書館と協働して行われている。

配置変更が可能な書架群

　2階へ上がろう。階段の側面や踊り場にも工場に関するパネルや機械の一部、旧工場に掲げられていたと思われる社名「Pramatti」の看板が掛かっている（写真21）。2階は一般書架と閲覧および学習スペースが並ぶ（写真22）。オープンな空間の片隅には、予約不要の個室タイプの閲覧・学習室も6室用意されている。平日の昼間には学生と覚しき若者たちが使っていた。オープンだが落ち着いた雰囲気の閲覧・学習スペースも用意されている。さ

写真23　閲覧・学習スペース（2階）

写真24　個室の閲覧・学習室（2階）

写真25　地域資料室の学習スペース（2階）

写真26　キャスター付きの書架（2階）

　らに奥に進むと、この地方の歴史的文献等を保管する資料室があり、その付近の学習スペースでは個人の PC が使えるように電源等も提供している。近くには図書館スタッフのカウンターも設置されて、リファレンスサービスを行っている（写真23-25）。

　1階、2階とも平面形が雲形であるため、窓際には主に閲覧・学習スペースを置き、中央に書架群を置くという構成である。書棚の高さは1,800 mm 程度であり、書架間隔も比較的ゆとりがあるため、圧迫感はない。また書架も一律に並列配置とするのではなく、湾曲する外壁の形や規則性の低い柱の配置に合わせて配置されている。

　さらに家具のレイアウト図（図2）を実際の配置状況と見比べると、特に

写真27　中央広場内の視点場から見る
　　　　アルキメデスの外観

写真28　視深度の高いアルキメデスの内部空間（2階）

書架の配置形態が少し違う。開館後に書架のレイアウトを少しずつ変えているものと思われる。実際、書架はキャスターが付いているタイプが採用されている（写真26）。同様の書架はサラボルサやペルティーニでも採用されていた。これは図書冊数の変動や市民の図書ニーズの変化に応じて、書架の配置を変更することが最初から予定されているためである。耐震対策として書架は床や壁に固定し、さらに書架同士も頂部で連結させるのが基本の日本では考えられないが、こちらではこれも可能ということだろう。

視認性の高い空間構成

アルキメデスの建築計画において、機能やサービスの視認性が重視されており、具体的には、屋外では建物自体の視認性を、図書館の内部では各種機能を視覚的に認識しやすくすることが重視された。

建物外観では、雲形の平面形に基づく曲面の外壁が公共図書館に対する従来のイメージを払拭し、今日的なイメージや可能性を感じさせようとする意図が読み取れる。また、実際にそれを視覚的に確認、共有するためには、それが可能となる視点場が必要となる。アルキメデスの場合は、敷地外周の街路だけでなく、アルキメデスと集合住宅群に囲まれた中央広場が、アルキメデスに対するさまざまな視点場を用意している。アルキメデスの計画コンセプトを再開発地区の都市デザインの面から支援する重要な役割を果たしている（写真27）。

写真29　天井から吊り下げられた吸音板（2階）

　それに対して内部空間については、各場所の視認性を確保する点から、図書館空間を細分化しないことが重視された。実際に館内を移動してみると、使い方や場所の性格に合わせて壁などで間仕切るのではなく、できるだけオープンな構成とし、自由に移動できる空間の連続性にあわせて視深度が高くなるような空間づくりが行われていると感じる（写真28）。これは、利用者のアルキメデスでの思い思いの過ごし方や使い方を、建築が邪魔しないようにするにはどうしたらよいかという問いに対する、ひとつの解答であろう。図書館の平面形が矩形で一般的なラーメン構造の場合、柱は規則的に立ち、それと結ぶように壁などが入ってくるが、雲形という平面形であることから柱の立ち方は規則性の低いものとなり、また間仕切りは入れても使いにくい場所が生じやすいので、オープンな構成がより合理的だという面もあろう。

音や声の拡散に配慮した館内空間のグラデーション

　しかしオープンな構成であるがゆえに発生する検討課題も少なくない。
　ひとつは、やはり音や声が拡散する問題である。また、オープンな構成であるために空調負荷も大きくなるので、場合によっては空調機から発生

する機械音や冷気、暖気の吹き出し音が気になってくる可能性もある。そこで、入口にあった湾曲する吸音板は1～2階の図書スペースの天井からも下げてある（写真29）。その吸音板の一部には、セッティモ・トリネーゼで生産されるものの写真が掲示されている。また空調も冷気、暖気の送風だけでなく、床スラブに冷水や温水を通す輻射冷暖房も採用している。しかし、2階まで連続的な空間であるため、冬期に1階は寒いようだ。

　また、館内に響く音や声について、図書館入口付近は少しざわついた音環境だと運営者も認識している。とはいえ、静寂な音環境を目指す必要はないと考えている。なぜなら、静寂さは時に緊張感を生み、それが市民を遠ざける場合があるからである。また、前述のようにアルキメデスでは入口が市民にとって図書館へのいわば関所として認識されることを避けたいと考えているためである。この音の問題に対して、日本でも最近、小さなボリュームで音楽を流す図書館が出てきているが、アルキメデスでもクラシック音楽を流していたことがある。しかし、勉強目的で利用していた学生からクレームが寄せられ、今では音楽は流していない。

　館内はオープンで連続的な空間構成であるため、「静」から「騒」の明確な区切りはない。その代わりに、館内の主動線に従って行事の開催や図書の内容、そしてその空間の設え方を適宜変え、使い方も集団的な利用から個人利用へとそのモードを変移させることで、利用者自身にもそこでの振る舞い方に気づいてもらうことを期待している。

アルキメデスの運営と特色あるプログラム

アルキメデスを運営する財団

　セッティモ・トリネーゼ市には幅広い文化事業を実施するための運営を担う財団があり、元塗料工場を再生してオープンしたアルキメデスだけでなく、元製粉工場を利活用したエコミュージアム（Ecomuseo del Freidano）や元食肉処理場を利活用した音楽・演劇センターをオープンさせている。セッティモ・トリネーゼ市が文化行政に積極的な理由として、20世紀にトリノ市やセッティモ・トリネーゼ市があるピエモンテ州は自動車生産など工

業で隆盛を誇ったが、その後の工業の衰退や社会構造の変化に対して、当時の市長が文化行政で盛り返すことを提案したことがきっかけになっている。エコミュージアムの構想は自動車産業などがまだ元気であった1980年代前半に持ち上がったが、それはピエモンテ州の中ではかなり早い時期のことだった。

　財団の代表は元市長、各部門の部長は市の職員である。また実働の職員22名のうち、市職員は2名で残りは民間人である。また、エコミュージアムの担当は2名だけで、残りは図書館業務に従事している。音楽・演劇センターの現場の運営は外部組織に委託している。これに加えて、ボランティアの市民団体が運営支援や市民への対応を行っている。

　蔵書数は現在約12万冊。約9万冊が開架、約3万冊が閉架書架に配架されている。AV資料もCDは約3,000点、DVDは約3,500点。貸出もできるが、すべてコンピュータに収蔵されているので、登録すれば自宅などでの端末でもオンラインで聴取できる。また前述のように、2階の奥にはこの地方の各種の歴史的文献や資料を保管する資料室がある。イタリアでは法律により40年以上経過した文献等は歴史的資料として公共図書館が保管することになっているが、旧図書館では閉架書架の部屋で保管されていたため、歴史的文献等は利用されることがほとんどなかった。

地域の図書館をつなぐ

　人口約4.7万人のセッティモ・トリネーゼ市の新しい公共図書館に1日平均約900人が来館し、利用している。その半分はセッティモ・トリネーゼ市民であるが、残りの半分は近郊の街からやって来ている。その理由として、アルキメデスは基本的に毎日開館していることや、図書館や広場の地下の駐車場が整備されていること、またアルキメデスはトリノ北東都市圏にある21の公共図書館ネットワーク（SBAM）の拠点に位置付けられていることが考えられる（図3）。アルキメデスはこの都市圏の公共図書館ネットワークにおいて開架式で提供される図書冊数が最多であることから、セッティモ・トリネーゼ市外からも多数の利用者がある。なお、この公共図書館ネットワークの登録カード（Bibliocard）を取得すると、このトリノ北東都

図3　トリノ北東都市圏の公共図書館ネットワーク（SBAM）と登録カード
（www.erasmo.it/sbam_to_it/images/stories/file/SBAM_cartina.pdf を基に筆者作成）

市圏を含むトリノ周辺の5つの都市圏にある約70の公共図書館を利用することができる。

エコミュージアムとアルキメデス

　トリノ北東都市圏の21の自治体の公共図書館の相互利用サービスだけでなく、アルキメデスはセッティモ・トリネーゼ市が提供する行政サービスともつながっている。その1つとして、前述のように運営母体の財団がエコミュージアムを運営しているが、このエコミュージアムの拠点施設（Com-

写真30　エコミュージアムの拠点施設

写真31　建物内部の展示

写真32　屋外展示（再建された水車小屋）

plesso del Mulino Nuovo）は旧製粉工場を改修して 2002 年にオープンした（写真 30-32）。このエコミュージアムが扱う対象には、ポー川一帯の自然環境要素だけでなく、この地域の産業史も含まれている。建物内では、自然や農業生産だけでなく、塗料、煉瓦、ボタン、ペン、医療器具等、この地でかつて隆盛を誇った工業生産についての展示が行われている。また屋外には、パラマッティの工場で使われていたボイラーが来場者を迎えるように展示されていたり、敷地内に引き込まれた水路には水車が設置されている。つまり、産業遺構もこのエコミュージアムの重要な対象なのであり、旧製粉工場自体がエコミュージアムの拠点施設となったのにも合点がいく。

　そうなると、エコミュージアムのプログラムはこの拠点施設に留まらない。この地域の主要河川であるポー川やセッティモ・トリネーゼ市や周辺を巡るルートが設定されており、その中のアクセス・ポイントのひとつにアルキメデスも位置付けられている。つまり、アルキメデスもこのエコミュージアムの一要素なのである。実は、先に紹介したアルキメデス内での旧塗料工場の展示は、2013 年から行われている「アルキマッティ＆パラメデ：工場から図書館へ」（Archimatti & Paramede. La biblioteca dopo la fabbrica）と題されたこのエコミュージアムの常設展である。この地が工業で隆盛したことも、エコミュージアムの展示対象であり、共有、継承する対象になっている。なお、「アルキマッティ＆パラメデ」（Archimatti & Paramede）はパラマッティとアルキメデスを組み合わせた造語であり、ここにも過去、現在、そして未来をつなごうとする意識が感じ取れる。

他の行政サービスや専門家と市民を図書館がつなぐ

　その他のサービスとして、ピエモンテ州の博物館などの文化施設との相互利用パスを発行したり、図書館カードが医療用カードと兼用になっている。さらに、オンラインで予約して弁護士や建築家に相談をするサービスも準備している。公共図書館がさまざまな文化拠点とネットワークを組むことは日本でも行われているが、街の知識人や専門家と市民をつなげるハブの役割を果たそうとしているのは興味深い。市民社会の知的基盤として、公共図書館が扱う知財や役割はかくも広がり、かつ変化しているのである。

アルキメデスの特色あるプログラム
①日常生活に潜む科学技術を学ぶ

　アルキメデスでは、図書の貸し出しや読書といった図書館の従来からのサービスだけでなく、各種のイベント開催に力を入れている。特に、工学や医学、建築学といった科学技術分野のテーマを扱ったイベントは、新しい科学技術へのアクセス・ポイントであることを目指すアルキメデスの目標であり、またそれに基づいて図書館サービスを編成するという方針に沿ったものである。実際、アルキメデスで開催される科学技術をテーマにしたイベントの人気は高く、今では全国規模のイベントに成長している。小学生から大学生までが参加し、展示や各種集会を開催しているが、このイベントには多くの企業も参加しており、資金面や製品の提供などの協力をしている。まさに、アルキメデスの名を冠する図書館らしい特色ある取り組みである。

　例えば、毎年開催されている「イノベーション＆サイエンス・フェスティバル」。2016年のロボットをテーマにした企画には延べ3万5,000人が参加した。2017年には「化学の時間（ora di chimica）」と題したイベントが、トリノ周辺市町との協力の下、開催された。化学が日常生活にどう入り込んでいるのかを、実験や集会、サイエンス・カフェ、展示などを通じて知るイベントであった（図4左）。旧塗料工場用地で化学のイベントを行うことから、周辺の化学関連企業の協力も得た。図4右は「肉を科学する（La scienza della carne）」と題したイベント告知で、美味しく肉を焼くためのレシピに潜む物理学的、化学的原理を解き明かす講座である。

　このような取り組みは公共図書館が行うべきことなのかという問いや、イベント期間中には利用者から騒がしいとクレームを受けることもある。しかし、科学技術と図書館の接点を追求するアルキメデスの運営方針に基づいていることや、多くの市民を惹きつけていることが、これまで継続して開催している原動力になっている。

②子どもが科学に親しむ

　科学技術へのアクセス・ポイントとしての図書館を目指すアルキメデスは、子どもたちに図書館に親しんでもらうための取り組みを他の図書館以

図4　2017年10月に開催された「化学の時間」のイベント例
（アルキメデスのウェブサイト　www.biblio.comune.settimo-torinese.to.it）

　上に重視している。前述のように、子ども向けの図書スペースにはほぼ毎日、幼稚園や小学校からクラス単位で子どもたちと先生がやって来ている。その応対は、図書館員がすることもあればボランティア団体のメンバーがすることもある。館内の空間構成も、子ども向けの図書スペースは1階の半分ほどの面積を割り当てるとともに、館内の他のスペースや主動線からは分離して配置し、音や声の拡散を抑える対応をしている。また、階段教室や子どもたちの衣服や持ち物を保管する専用の部屋を確保するなど、多くの子どもたちの来訪や利用への配慮がなされている。
　また、レゴ（LEGO）のサポートを受けた科学的素養を養うための教室も、アルキメデスの特色ある取り組みである。レゴの教室を開催するにはLEGO社の承認が必要であるが、イタリアではアルキメデスが唯一認証されている。2015年にアルキメデスに「LEGO Education Innovation Studio」というスペースが開設された。そこでは世界的に有名なレゴの製品を使ってただ遊ぶのではなく、子どもの年齢を勘案しながら、好奇心を刺激する教室、批判的思考やコミュニケーション能力、グループで活動す

図5　レゴによる各年齢層向けの科学教室の告知
（アルキメデスのウェブサイト　www.biblio.comune.settimo-torinese.to.it）

る能力を養う教室、梃子や滑車、車輪といった単純な機械部品がいかに私たちの日常生活に組み込まれているのかを理解する教室などが用意されている。2018年1〜3月に実施されたプログラム（図5）を見てみると、基本的に土曜日の午後に1時間30分、参加費は一人7ユーロである。レゴブロックを使って照明器をつくったり、歯車やクランクシャフトなどで簡単な機械をつくる（6〜8歳向け）、レポーターとしてビデオをつくる（8〜11歳向け）、さらにはレゴ特製のキットでロボットをつくる（10〜14歳向け）といった教室が開催された。

③楽しく言葉を学ぶ

さらにアルキメデスでは、前述のディスレクシアを抱える人へのプログラムだけでなく語学教室も開催されており、スペイン語や英語など10クラス以上が毎年開講されている。週2回、1回2時間であり、市からも資金援助がある。1クラス12人と少人数で行われており、先生はネイティブの市民である。子ども向けの英語教室では、子どもたちを飽きさせず、また効果的に英語を吸収してもらうために、遊びながら、また歌いながら英語

を学ぶといった工夫をしている。この他、各国の本の読書会も開催されている。図書館で言葉を学ぶことは、世界に存在する知識や情報に接近する術を獲得することだと言えるかもしれない。目的が明確で方法も工夫されており、学習効果も期待できそうだ。

知と市民をつなぐ拠点(ハブ)としての公共図書館

　産業構造の転換に伴って工業生産拠点が知的生産拠点に用途変更されることは、先進国の各都市で行われており、アルキメデスのように工業生産拠点が公共図書館に生まれ変わったことは、セッティモ・トリネーゼ市も都市再生の世界的潮流の中にいると言える。また、工業社会から情報社会に移行する現代社会に必要となるさまざまな情報が集積した知識基盤の一翼を公共図書館が担う点も、世界の多くの都市で類似例が確認できる。つまり、情報化という社会の変革と産業の転換の中で、またインターネットや情報端末機器が発達した中でも、さらには大都市だけでなく地方都市でも、公共図書館の役割は大きくなっていると言える。

　しかし、その期待される役割は、物的に豊かになっていくことが目標であった工業社会におけるそれとは異なる。公共図書館で獲得できる知識や情報も、これまでのように書物からのみとはかぎらない。アルキメデスが提供する科学イベントや専門家とのネットワークサービス、またエコミュージアムなど関連公共サービス拠点との連携やネットワークは、現代社会の膨大で混沌とした情報を整理し、情報の発信元と受け手を双方向につなぐ拠点（ハブ）としての役割が公共図書館に求められていること、またそれが期待されていることを物語っている。そして、それに向けて空間やサービス、活動プログラム、そして運営体制を構築し、洗練することが、公共図書館としての今日的な魅力や強みになることをアルキメデスは体現している。つまり、アルキメデスは知と知、市民と市民、そして知と市民をつなぐ「屋根のある広場」であり、地域の知財、人財ネットワークの拠点なのである。

　また、アルキメデスは自らの建築によってその土地や都市の記憶や痕跡

の継承はできなかったが、現在開催されている科学イベントやエコミュージアムによって、工業生産拠点であったという土地や都市が有する過去の履歴との対話を行っている。書物による知の集積と伝承という形だけでなく、知の集積地にふさわしい活動プログラムを通じてこの土地の地霊（ゲニウス・ロキ）に応えていくことは、今日的な市民ニーズや土地や都市の固有性をふまえた公共図書館の空間や運営の計画が目指す方向性にマッチしている。

　さらに、アルキメデスでは入口付近に講堂やカフェ、雑誌やAV資料の閲覧といった、さまざまな来館者を受け止める諸室を配置し、そこから徐々に本が集積する空間へと移動し、少々のざわつきは許容する空間から静寂な空間へ、多人数での利用から個人利用へといった空間と利用形態が対応した漸次的移行（グラデーション）を、連続的な視認性を確保しながらつくり上げている。また、入口を関所のようにしないという考え方は、さまざまな市民の来訪や滞在を歓迎し、そこから生まれる新たな活動や市民同士の関係に価値を見いだそうとするアルキメデスの姿勢であるが、それはサラボルサのアトリウムや奥まった受付カウンターの配置、ペルティーニの「本が迫ってこない」構成と共通するものである。

「屋根のある広場」から学ぶ

これまで見てきたイタリアの3つの公共図書館は、立地、建築、運営、そして何よりもそのまちの歴史や特徴、そして現在直面する課題が相俟って、公共図書館としての個性や特徴を形づくっている。日本のまちや公共図書館、さらには公共建築では考えられない、または実現が難しいと思われる点もあろう。しかし、社会や時代の大きな変革点にある日本の建築や都市を考えるためのヒントが多々潜んでいる。

都市や建築の成長・開発から集約・再編

私たちが日々目にしている日本の都市に立つ建築の多くは、20世紀後半に形成されたものである。その中で住宅や公共建築は、戦災復興期に続く高度経済成長期に人口流入が進んで膨張する都市に良好な市街地や生活環境を形成するために、近代都市計画の理論に基づいた土地利用と都市交通網に従って、建築とインフラのパッケージを配置していった。そこでは、それぞれの都市が備える固有性よりも年々高まる都市の需要にどう応えるかが、喫緊の計画課題であった。

また公共建築も、一定の質を確保して日本全国に効率よく供給することが政策上の目標となった。そこで、学校や病院、図書館などいわゆる「ビルディング・タイプ」ごとの汎用的な公共建築のひな形＝モデルが開発され、それに従って大量に建設された。ここでも、立地する都市や地域の備える固有性に建築はどう応えるかという問いの重要度は必ずしも高くはなかったと言えよう。

しかし、1990年代から日本の経済も安定期に入り、21世紀に入ると少子高齢化や人口減少というこれまで経験のない時代を迎えた。都市や建築についても、建設需要が減り、また高齢者が多数派となる社会になり、建築に求められる要求内容や水準も当然変わってきた。空き家の増加は社会問題となって久しく、経済と都市の成長期に建

設された大量の公共建築が、大規模な修繕や建て替えの時期を迎えている。道路や上下水道などのライフ・ラインとともに、縮減する都市の身の丈に合わせるように、都市と建築の集約と再編がこれから大きな課題になる。

都市および公共建築全般の集約と再編に向けた計画やマネジメントについては他書に譲るが、社会や市民のニーズが大きく変わっている中で、公共図書館を今までの枠組みの中で議論することは、適切でないだろう。そこで、そのスタンスや術について、本書で取り上げたイタリアの公共図書館を切り口に考えてみたい。

集約・再編時代の公共図書館
　　——都市文脈の中でつくる

3つの公共図書館事例にはさまざまな共通点があるが、そのひとつは、いずれもしばらく使われていなかった建築や土地に、新たな都市のパーツとして公共図書館をインフィルしている点である。つまり、公共図書館という公共サービス拠点を都市文脈、つまり都市に重層する時間的、空間的、社会的特性を十分に考慮して計画し、またそれを図書館の空間や運営に反映し、活かしている点である。

もちろん、日本とイタリアでは社会的、文化的、都市・建築の背景や条件が異なるのは言うまでもない。よって、そのまま日本の図書館計画に導入することを、筆者も意図していない。しかし、街と物理的、空間的、社会的に不断の関係をもって計画されていること、それも現在の街だけでなく、過去の都市の痕跡や記憶ともつながっている点は素直に学びたい。また、サラボルサやペルティーニは既存建築を活用しており、それが公共図書館としての魅力になり、同時に計画上克服すべき課題になっている。物理的制約が計画上の課題ならば、いっそ「スクラップ・アンド・ビルド」でつくり直そうと考えるのが、経済成長期の私たちの発想であった。それは、経済的繁栄を都市の成長と改造という形で実現することであると同時に、土地の痕跡や記憶が刻み込まれた都市文脈を徐々に失うことを意味した。しかし現代は、都市や建築の総量を減らしながら今日的な社会や市民のニーズに応えることに活路を見いだそうとする時代である。経済成長期の発想を脱し、既存の建築や都市空間を利活用する理念や理論、方法が求められている。

既存建築を活用する時代に、20世紀に開発された「ビルディング・タイプ」

のような機能主義に基づく公共建築の汎用モデルは考えにくい。では何を頼りにするのか。3事例から読み取れる共通点は、対象となる建築自体だけでなく、周辺の物理的、空間的、社会的、歴史文化の特性を丁寧に読み取り、そしてボローニャにおけるマッジョーレ広場と「屋根のある広場」のサラボルサのように、都市の空間的、時間的文脈の中で公共建築をつくることである。それは、ひとつの公共図書館を周辺の空間や機能と依存や補完をし合いながら計画することであり、それが都市と建築の過去の履歴や将来の目標、計画が共創的に折り重なる都市文脈の一構成要素として、公共図書館をつくることになる。また、それをきっかけにして、地区の計画や都市デザインの方針の見直しを促すこともあろう。

他国で公共図書館の集約、再編に成功を収めた例としては、ロンドンのタワー・ハムレッツ区立図書館「アイデア・ストア」がある。ヨーロッパにおける公共図書館再生の代表例と評されており、デイヴィッド・アジャイ氏（David Adjaye）によるカラフルな建築デザインも印象的であるが、ここでは都市レベルでの公共施設政策や地区レベルでの生活環境向上のための計画と連動した公共図書館の量、質両面での集約と再編の計画が功を奏した例として見ておきたい[1]。具体的には、利用率が大きく落ちていた13の既存区立図書館を7館にまで減らし、同時に駅や商業地の近くに新築や既存建築の活用によって再配置し、さらに丹念な調査に基づいて市民が求める学習や就業支援サービスを充実させた結果、図書の貸出数以上に来館者数を増やした。市民の日常生活の結節点に公共図書館を置くことで、図書館をも組み込んだまちの拠点形成を成し遂げた。

既存建築には、変更しがたいさまざまな物理的特性がある。それを制約と捉えず、都市文脈のひとつとして捉え、また建築のみならず運営面も工夫することで、利用者や広く市民のニーズに応える取り組みとそれにふさわしい設えを用意することを考えたい。サラボルサの運営者は、サラボルサの建築は現代の図書館にふさわしくないと評価しているが、実際には空間と運営の多

1　李燕、小松尚「地域の課題とニーズに基づくロンドンの区立図書館『Idea Store』の再編と都市・地域計画の関係」『日本建築学会計画系論文集』80巻、717号、pp. 2449-2458、日本建築学会、2015年11月
　李燕、小松尚「ロンドンの区立図書館『Idea Store』の立地及び建築空間と提供プログラムの関係」『日本建築学会計画系論文集』81巻、729号、pp. 2371-2381、日本建築学会、2016年10月

面的な工夫の相乗効果によって、平均して毎日4,000人を超える来館者を迎える公共図書館になっている。既成概念にとらわれず、発想の転換で多くのヒントに気づき、アイデアを膨らませたい。

複合化する公共図書館
―― 汎用性と固有性

　セッティモ・トリネーゼ市立図書館に与えられた「アルキメデス」という愛称は、特色ある科学イベントを開催する公共図書館にふさわしいものである。科学技術と日常生活を結びつけるアルキメデスのイベントは、子どもたちを中心に市民の科学への関心を喚起させる。それだけでなく、元工場という20世紀の工業社会を支えたものづくりの知識や技術の集積地だった記憶や痕跡を、公共図書館という形で継承、再構築している。まるでこの敷地のゲニウス・ロキ（地霊）が、アルキメデスでの科学技術志向のプログラムを動かしているかのようだ。

　私たちは、それまでの社会的、都市的課題を大きく改善するために、もしくは新たなイメージづくりに邁進するために、空っぽの敷地を取得して白いキャンバスに絵を自由に描くような、または結果としてジェントリフィケーションに陥りがちな土地の記憶や痕跡を消し去る外科手術のような都市再開発プロジェクトを数多く見てきた。過去の記憶や痕跡を建築自体や土地、社会に残すことを避けるかのような計画やデザインは、機能主義を是とする近代建築の特徴として、半ば必然だったと言えよう。

　しかし、アルキメデスだけでなくサラボルサやペルティーニにも当てはまるが、公共図書館でありながら多様な機能や空間を盛り込んで、市民の期待に応えようとする建築は、これまでの機能性を重視した建築よりも、用途間や建築内外、敷地内外、活動の間に共創的関係を構築しているところに、その可能性や魅力がある。変化する社会構造だけでなく、建築が立地する敷地や今もそこに存在する建築との関係構築が、重要な計画課題となる。アルキメデスのように、工場建築の持つ建築的特性の継承はできなくても、科学技術イベントという新たな用途のプログラムによって場所との時系列的な対話を続けることは可能である。

　用途の複合性だけでなく、敷地、記憶、痕跡との対話による空間と運営のデザインは、固有性の強い建築を生み出す原動力である。とはいえ、ビルデ

ィング・タイプ計画論のひとつである汎用性の高い公共図書館モデルや設計手法、またこれまでの土地の高度利用や「ついで利用」による相互利用といった公共建築の複合化理論が無用になることはない。複合化する公共図書館や各公共建築の基本理論として十分に咀嚼した上で、社会と市民の今日的なニーズに応え、また土地や都市が有する記憶や痕跡との共創関係の中で、これからの公共図書館を生み出したい。

「みんなの場所」
——公共空間としての公共図書館

　経済成長期の都心には、経済成長を象徴するオフィスビルや商業施設が高さや規模を競い、目を引く意匠を身にまとい、さらにそれらが収益性という理屈の下で更新されてきた。しかし時は流れ、経済成長が安定化した現在、駅前の一等地が商業施設や業務施設の撤退によって長らく空閑地となっている地方都市は少なくない。シャッター通り化した商店街も、残念ながら地方都市の共通した風景になりつつある。つまり、地方都市の中心市街地を従来の収益事業で維持することは、すでに困難になっている。また都市の公有地も、行政改革の一環や税収減を補うために売却されるケースが多くの自治体で確認できる。少子化の進行によって廃校となった学校用地をディベロッパーが購入し、収益施設として開発するのはその一例である。

　このように、空洞化が進む中心市街地の再生が日本の各都市の課題になって久しいが、持続可能な中心市街地を形成するために公共の場所が果たすべき役割のヒントを、3つの図書館は教えてくれている。それは、適切な空間やサービス、活動プログラムが用意されることで、公共図書館には市民だけでなく他市からもやって来て、その人々は図書館周辺へも向かうようになるということである。そして、そのためには、都市と建築が同じ方向を向いた目標と計画が必要であり、その先に「屋根のある広場」という公共空間、つまり「みんなの場所」としての公共図書館が誕生し得るのである。

　ところで、本書で公共図書館を「屋根のある広場」と呼ぶ意味を、公共空間、もしくは「みんなの場所」としての公共図書館という視点からもう少し考えてみよう。まず、サラボルサと2つの図書館を「屋根のある広場」と呼ぶのは、それは屋外の広場との類似点や共通性があると考えているためである。

本書の「はじめに」で述べた、公共性の概念が備えるOfficial、Common、Openの側面は、公共性が最も高い公園や広場においていずれもが高いレベルで、かつバランスよく実現することが期待される。そして公共図書館は、建物という屋内空間であるために、Openのレベルについては公園や広場に譲るかもしれないが、Commonについては本書で取り上げた3つの事例や近年日本に誕生している「滞在型」の公共図書館では、さまざまな市民の希望を受け入れ、関心を引く運営や空間づくりが行われている。

　ところでその広場や公園について、近年パーク・マネジメントに注目が集まっている。明治期に欧米から日本に輸入された公園という場所や概念は、行政主導の管理運営、つまりCommonでOpenである「みんなの場所」というよりもOfficialの側面が強い、いわば「お上の場所」として定着した。それを今、行政と市民、民間団体などが連携して、教育や防災、レクリエーションに留まらない目的で公園を利活用すべく、公益性の高い収益事業も伴って運営しようとするのがパーク・マネジメントである。レストランの売り上げの一部が公園の運営資金になっている東京・豊島区の南池袋公園はその一例であるが、市民の関心（＝Commonの1つ）を手がかりに計画した公園を楽しんでもらい、それがもともとOpenな空間である公園の維持管理だけでなく周辺市街地の再生の活力源にもする戦略性をもったOpenな運営。公園に対する私たちの発想や認識の転換を促し、「みんなの場所」としての公園を構築しようとする今日的意義がある。

　このように公園を「みんなの場所」にする取り組みは、誰もが無料で使える公共図書館のこれからを考える際のヒントになろう。何も図書館の運営を民間委託しようという意味ではない。公園が市民目線、つまりCommonの視点をもった活動と、Openな空間と運営体制によって「みんなの場所」に生まれ変わるように、公共図書館もさまざまな主体との協働と豊富で多彩な情報を資源や媒介にして、市民と有形、無形のモノやコトをつなぐ「みんなの場所」としての公共図書館をつくることの可能性が、私たちの目の前に広がっているのである。そしてそれは、「地区の家」にも共通することである。

「みんなの場所」はどこに？
──公共図書館の立地

　その際、公共図書館が都市の利便性

の高い場所に立地することは、市民により身近になり、「みんなの場所」となるための重要な要件のひとつであろう。その効果は、サラボルサやペルティーニ、そしてロンドンのアイデア・ストアでも実証済みである。市民の日常的な行動ルートは、特に都市では交通施設や商業施設によってかなり規定されており、イタリアに限らない世界的な共通性があると言える。また日本では近年、立地適正化計画などに基づく集約型都市構造の実現が、人口減少と少子高齢化が進む中での都市計画の長期的な目標となっている。成長期に広がり切った都市空間を人口減少と税収減の状況下で身の丈にあったサイズに調整するために、鉄道駅を代表にした公共交通ネットワークの結節点周辺に業務機能や各種公共サービスを集積させ、その周囲にできるだけ歩いて生活できる居住環境を形成しようという、日本の都市を持続させるための挑戦である。

この動きと軌を一にして新たな公共建築が各地で実現し始めている。公共図書館については、JR中央線の武蔵境駅前にオープンした「武蔵野プレイス」（東京都武蔵野市）は、武蔵野市立図書館の分館であるが、駅前にあった官庁施設の跡地に、本の貸し出しやリファレンスといった公共図書館の基本機能だけでなく、市民活動支援コーナーや青少年の居場所となるスペースなどが用意され、年間150万人を超える来館者を迎えている。1階は誰もが通り抜けることができ、また書架は並んでいない。総じて、CommonでOpenな公共図書館になっていると言えよう。

立地の重要性は、38万人都市のボローニャよりも、むしろ人口が10万人に満たないチニゼッロ・バルサモ市やセッティモ・トリネーゼ市のような小都市の方がより高くなろう。大都市には街の核となる場所や都市交通の結節点が複数あり、そこが特色を持った街の拠点地域になっているが、小都市ではひとつしかなく、それが鉄道駅やバスターミナルであることが一般的だからである。日常生活上の移動経路や生活リズムの一部に図書館という機能を持った場所が自然に組み込まれていることが必要なのである。しかし、これは何も目新しいアイデアではない。実際、地方の鉄道駅に図書館を併設している例を日本各地で確認できる。交通の結節点と知の集積地の親和性はもともと高いのである。

一方、車での移動が基本となっている大都市の郊外や地方都市では、どこに公共図書館を立地させるか。また、徒歩移動が難しい高齢者や障がい者、

持ち物が多い幼児連れの親にとって、車での来館は切実な要求である。一案として、小規模の図書館を分散して他施設、例えば学校や商業施設と複合化するという戦略もあろう。東日本大震災で被災した陸前高田市では、木造平屋の市立図書館が大型商業施設に併設されて開館した。車に依存せざるを得ない地方都市でも、市民の日常生活の移動経路に図書館を組み込む方法はあるのだ。

「本が迫ってこない」図書館
——形式知と暗黙知

しかし、「みんなの場所」と名付けられた、もしくは制度的に保障された「公共空間」が用意されれば事が済むわけではない。大事なことは、私は「ここに居ていいんだ」という感覚を持てるかという点である。多くの市民にとって「行きたい」「居たい」場所、つまり市民の日常的な居場所になり得る場所を、建築と運営の相乗効果としてつくり出していくこと。それがこれからの開かれた公共図書館の目指すところの一つであろう。イタリアの３つの図書館事例を見ると、建築だけがんばっても、また運営だけでも成し遂げられないことに気づかされる。

その意味で、サラボルサを利用する母親が語った「ここは子どもを連れてきて、一銭も使わずに一日過ごすことができる場所」という言葉は、とても意味深い。私たちはこれまでの公共図書館や広く公共建築に対して、そこで提供されているサービスが必要な時には出かけていくが、用のない時には無縁の場所、または来訪を歓迎されない場所だと考えていないだろうか。確かに、病院のように来訪や応対がデリケートにならざるを得ない公共建築はあろう。しかし、公共図書館や学校はどうだろうか。

また、ペルティーニのボランティア職員が語った「本が迫ってこない」というフレーズを思い出してほしい。これまでの図書館への既成概念を覆すフレーズであり、図書館職員だけでなく市民に公共図書館に対する固定観念の転換を促すフレーズである。何も、図書館から紙の図書資料をなくそうとか、インターネットやデジタル資料に置き換えようと言っているのではない。書物という「形式知」の情報を求めている市民がいるのは当然だとしても、多くの市民にとって今やそれがすべてではなく、市民はもっとさまざまなタイプの情報を自分の生活リズムの中で求めており、それが得られるのであれば図

書館にやって来るのである。親にとっては本とともに幼い子どもたちと過ごす機会、学生にとっての学習の場所、高齢者にとっては日常的なお出かけ先、起業や就業希望の人にとってはビジネス支援、など。「本が迫ってこない」というフレーズは、図書館に入った途端、大量の図書を収める書架が待ち構えているかのような空間構成の再考を促すとともに、提供サービスの内容と質を問うているのである。

また、この延長線上には、サラボルサでたたずむ来館者の姿や市民活動の様子までもが、図書館で偶然で無意識のうちに得られる「暗黙知」の情報になり得るという見方が成り立つのではないか。アントネッラ・アンニョリ氏も公共図書館に「孤独な人々が出会うことのできるような、新しい都市空間を作り出すこと。共通の良識、人と一緒にいる歓び、市民である歓び、こうしたことを忘れてしまった人々が参加できる場を作ること」を指摘している。これは、家や地域コミュニティに居場所がない孤独な現代人の居場所のひとつに公共図書館がなっている現実をふまえての提言である。日本の公共図書館も高齢者の昼間の出掛け先、滞在場所になっている。公共図書館があることで心安らいでいる市民は無視できない人数で存在しているのである。

ここで言う居場所とは、単に時間をつぶすための滞在場所という意味に留まらない。そこ居ることが許容されることによって、この社会の一員であることを認証された感覚が得られる場所という意味もある。もちろん、ある公共図書館がすべての市民にとっての居場所にはなり得ないし、すべての市民が図書館を居場所として求めているわけでもない。しかし、居場所を必要としている市民を社会的に包摂する役割が公共図書館に求められ始めているのは事実であり、そのような目でこれからの公共図書館の空間や運営を考えてみてはどうだろう。これは、今日的な市民ニーズに応えるという点から公共図書館を考える視点のひとつではないだろうか。

その一方で、よりアクティブに公共図書館を使いたいと考える市民もいる。日本でもペルティーニで整備された3Dプリンターなどの設備が使える創作室や、音が出るような活動も許容するスペースが普及しつつある。書物をはじめとする知の蓄積にアクセスできるだけでなく、市民が個人または協働で創造的、創発的に知を生み出し、それを発信できること、そしてそれを支援するサービスの創設。彼らの活動は

公共図書館の間口と奥行きを拡げる梃子になる。

　さらには、サラボルサやアルキメデスで行われている市民協働型のプログラムやそのためのスペースも必要となろう。また、あらゆるものが誰かによって準備されがちな現代社会において、発信される「形式知」としての成果物自体だけでなく、そこに至るプロセスや協働作業の姿そのものも市民が知りたい情報であり、それが彼らの次の一歩への助言や励みにもなる。それも、参加自体がプログラム化された活動だったりツアーで見学するといった形式だけでなく、館内の移動中やふと本から目を離した時に、自然に目に入り、無意識の内に理解や共有ができる空間づくりが期待される。

　図書館で市民が誰かに用意された「形式知」だけでなく、偶然や無意識のうちに「暗黙知」を共有できる、まさにセレンディピティ（Serendipity）の高い図書館。そのために建築ができることは少なくない。

「少しざわついている」けど「居たくなる」
―― 公共図書館の許容性

　「本が迫ってこない」という感覚を生み出すために、図書館入口周辺の計画は重要だ。サラボルサではアトリウム奥に受付カウンターを設置し、ペルティーニでは3層の吹き抜け空間で受け止め、アルキメデスでは入口から受付カウンター、雑誌・新聞の閲覧スペースを一体的な空間にして、そこでまず多くの来館者を受け止めている。さらにサラボルサでは、アトリウム周りは閲覧や学習のためのスペースとし、書架スペースはその外周に。ペルティーニでは吹き抜け空間の奥に書架スペースが、アルキメデスでも読書や学習目的の人は、向きを変えて狭い廊下を歩み進む。

　3つの図書館に共通するのは、入口自体を関所にせず、さまざまな市民の来訪を一旦受け入れ、思い思いの過ごし方を規制せず、許容するという考え方である。また、いずれも図書館内を歩み進むにつれて、目的性が高くて最も落ち着いた場所になっていく空間構成をとっている。不特定多数による多彩な利用から個人利用へ、ざわつきを許容する空間から落ち着きや静寂性の高い空間への漸次的に移っていくという、許容性や受容性を高める空間デザインの一方法と言える。具体的には、少しずつ単位空間のスケールを小さくしていく、インテリアの彩度や明度を

下げる、自然光の採り入れを限定的にしたり人工照明の照度も下げる、複数利用と個人利用のバランスを考慮した家具選定、などである。

その際、やはり声や音の問題をどう捉え、また対策を打つか。日本でも小さな音量でBGMを流す図書館があるが、それはワンルームの空間構成に対する対応策と言える。ペルティーニでは入口の吹き抜け付近にオープンな交流スペースや創作室、カフェが配置され、開架書架が並ぶ閲覧室とは一連の壁柱群が柔らかく仕切っている。吹き抜け周りはその空間構成上、声や音が上下に広がりやすいが、少々ざわついた音環境を許容できる諸室が配置されている。この空間構成は「本が迫ってこない」というこの図書館の印象とも合致するものである。

これから、入口周辺は「少しざわついている」雰囲気を許容し、いきなり「本が迫ってこない」ように空間や運営をデザインして、「居たくなる」図書館を考えてみてはどうだろう。ここでも、空間構成や素材、家具など建築の役割は大きい。

知と人をつなぐ拠点（ハブ）としての公共図書館

既存建築を利活用する理由は、経済的理由や利便性の高い立地性からだけではない。建築自体が備えている情報も、公共図書館として扱うべき情報である。サラボルサの地下のローマ時代の遺跡のような特別な歴史的遺物がなくても、一定の時間を経過した公共建築には、誰もが知っているという存在感や記憶、痕跡が存在する。また、サラボルサという名称がイタリア語で証券取引所を意味するように、公共的に使われていた場所には市民が共有できる記憶や痕跡が詰まっている。これも「みんなの場所」となるための重要な要件のひとつであろう。

日本では明治以降、社会的にも空間的にも地域コミュニティの中心であった学校は、「みんなの場所」の代表である。日本でもイタリアでも、学校とは人材育成の場所であると同時に、共有できる記憶を醸成し得る場所であり、広い社会と長い人生という大海に漕ぎ出し、そして帰ってくる船にとっての母港のような存在である。よって、残念ながら廃校になっても地域コミュニティのシンボルとして保存して欲しいという要望は各地で耳にする。心情と

してよくわかる話だ。確かに、過去の地域コミュニティの記憶装置としての存在や役割の重要性への認識は、廃校というそれを失った時に一層深まっていく。

ペルティーニのように、かつての学校での活動や児童の様子、または地域の生活や生業の遺物を展示する取り組みは日本でも各地で行われている。一方、廃校の校舎自体を利活用することは、厳しい財政状況にある日本の自治体にとって重要で、しかしほとんど未経験の計画課題である。しかも、経済成長期に供給された標準設計による鉄筋コンクリート造の学校建築は大量に存在するものの、その質はお世辞にも高いとは言いがたい。しかし、学区という地域において最も大規模の公共建築である。ビルディング・タイプ毎に分散的に建設された公共建築を集約化する動きの中では、今後、学校や廃校へもさまざまな公共サービスを集約することが予想されよう。そのひとつに公共図書館も加わろうが、これからの社会を支える人材を育む学校教育ではなく、さまざまな市民を包摂して安定した社会を育み、持続させていくために、必要なサービスを再構成しながら提供しつつ、地縁、知縁、志縁、そして新たな価値を創成していく拠点として再構築していくのだとしたら、廃校と図書館はいかなる接点を持ち得るだろうか。

広井良典氏が指摘するように、年少人口が多かった経済成長期に地域のまとまった公有地を教育目的で利用することは、政策的にも都市計画的にも理に適っていた[2]。しかし、少子高齢化が進む現在の日本の地域社会において、学校用地は公共サービスの集積地＝地域拠点として再生していくことが、建築そして都市計画上のひとつの方向性になる。そして、この地域拠点はそれ自体、さまざまな人や情報が「形式知」や「暗黙知」として集まる拠点になるであろう。これは筆者が考えるこれからの図書館の方向性と合致する。実際、日本で廃校を公共図書館として利活用する取り組みも各地で始まっている。

さらに、人口減少が空き家を生み、少子化が廃校を生むように、産業転換は工業用地や工業建築の用途転換を迫る。社会の構造変化が建築、土地、そして都市・地域の姿を変えていくのは、世界的に共通する都市の変遷過程のひとつである。3つの図書館事例が立地

2　広井良典『創造的福祉社会――「成長」の後の社会構想と人間・地域・価値』ちくま新書、2011年

する都市でも同様な変化があり、その変化とそれぞれの図書館のあり様は無縁ではない。3つの図書館のこれまでの経緯や取り組みは、工業社会から情報社会や知識創造社会への移行に合わせた公共図書館の役割変化と読み取れよう。書物の保管場所としての図書館から、さまざまな人や情報、サービスが交差し、新たな価値が創発的に生まれ、発信されるネットワークの拠点（ハブ）への変化。これは単館の図書館では複雑な社会や市民のニーズに応えきれないことを示している。またそこで扱われる情報も、ネットサーフィンで得られるような情報だけでなく、サラボルサのような生活支援のための情報、ペルティーニやアルキメデスのような地域の記録や記憶といったこの地のアイデンティティを確認するための情報も含まれる。さらに、アルキメデスと法律家の連携のように、専門の知識や技能を有した市民すらも、現代都市の重要な情報資源として扱う対象なのである。

　専門的な知財、人材という点では、サラボルサとボローニャ大学の関係にも注目しておこう。大学は、公共図書館が保有しない最新あるいは最先端の知識や情報を有し、また生み出している知的創造拠点であり、知のネットワーク形成の点で無視できない。大学との接点を持つことで、公共図書館の知の厚みはぐっと増すことだろう。大学も、教育、研究とともに社会連携が第3のミッションとなり、実際の社会の課題に取り組む課題解決型の教育研究を進めており、教育研究のサテライトや連携相手を求めている。サラボルサはボローニャ大学との連携によって、図書サービスやさまざまな市民向けプログラムだけでなく、都市の将来を考え、発信する機能まで有する公共図書館になった。その意味で、アーバン・センターはこれからの公共図書館の目指す方向性に合致する機能であり、同時に高等教育機関との有効な結節点だと言える。

　しかし、本書で見た3つの事例は、いずれも母都市における中央館に位置付けられる図書館である。特に、サラボルサのあるボローニャ市には、サラボルサ以外にも10の図書館が市域に分散的に配置され、運営されている。ところが、サラボルサへに比べて、他の図書館の整備は進んでいないのが実情である。これは、サラボルサの人件費や図書購入費すらも減少している行政の財政状況の中では、投資に対するインパクトやさまざまな波及効果、そして評判を生み出す可能性が高い都心の

一等地に建つ中央館への投資が優先され、地域コミュニティに近い分館のような図書館は後回しになるという現実的な事情があろう。サラボルサが高い評価を得る一方で、他の図書館の整備をいかに行うかという課題が見え隠れする。

イタリアだけでなく日本も財政状況は厳しい。この課題を行政だけで解決するのは限界に来ているのかもしれない。むしろ、第一部で紹介した「地区の家」のような公民連携で分館を整備、運営するという方向性に、その解決策への道があるのではないか。その方が、全市的な知的基盤ネットワークの拠点（ハブ）に位置付けつつ、それぞれの地域の特性や課題に即したコミュニティ・ハブとしての整備や運営の近道になるのではないか。公民の連携の程度は「地区の家」で見たように、さまざまなタイプがあり、議論の余地がある。しかし、Official以上にCommonでOpenな公共図書館をつくることを重視するのであれば、「地区の家」が持つ発想と志向性を参考にしながら、それぞれの地域やコミュニティの特徴にきめ細やかに対応した公共図書館を構想してみてはどうだろうか。

スタッフや行政、建築の専門家に求められるもの

最後に、公共図書館を計画、運営する人材に求められる資質にも言及しておきたい。

サラボルサ開館時の職員構成は、図書館勤務経験者と非経験者の比率は同じだったが、前者はサラボルサの運営体制への順応に苦労したことは、これまでの体制下での専門家が新しい体制下でも専門家として活躍できるとは限らないことを如実に物語っている。ホームレスへの応対方法を学んで実践したサラボルサの職員は、カウンターの中で定型の仕事をこなすのではなく、カウンターの外で臨機応変に仕事をすることが求められた。市民が求めるニーズを察知できるようになった職員は、図書館職員の専門性を軸足にしながら職域を拡張したのである。といっても、すべての職員がそれをできたわけではなく、また個人の能力の限界もある。サラボルサのように組織で学び、行動する課題であろう。

またサラボルサでは、図書館機能を核にして市民のさまざまな要求や希望に応える行政部署が、市民の豊かな交流の担う文化部であることが、サラボルサが「屋根のある広場」という「みん

なの場所」になり得た大きな要因のひとつでもある。つまり、公共図書館を管轄する部署の行政全体における位置付けや、意思決定プロセスのあり方も、その計画や運営の方向性や質、そして成否を左右する要因となる。

　さらに、建築家について。これからの図書館が提供する情報には、印刷物やデジタル情報に加えて、図書館に居る人の姿や振る舞いすらも加わる。市民が知りたいことは、印刷物やデジタル・コンテンツといった形式性をもった「形式知」だけではない。誰もが自由に入れる開かれた場所に居る人々が醸し出す雰囲気や気配の中に存在する「暗黙知」をいかに共有できるようにするか。それも専門職員による教示ではなく、市民個人が直感的に得ることができるようにする方法は？　機能的な与件に応じた空間だけでなく、偶然性の高いこの手の情報を市民や利用者が得られるようにするために、建築家ができることは？

　第1部で取り上げた「地区の家」、そして第2部の公共図書館は、今日的なプロジェッタツィオーネの産物と言ってもよいと筆者は考えているが、そのエッセンスを日本でも共有しようとするならば、それを担うこれからの専門家像の確立や育成も一緒に考えたい。

まず、建築を構想し、具現化するこれまでの専門性を軸足として持ちながら、隣の職域と結びつけるところに新たな価値を見いだし、行動する姿勢と能力が必要になるだろう。また、与えられた条件に対して従来の専門知識に基づく解答を提示するだけでなく、建設的な批評性をもって判断する診断力、社会の動きや市民の隠れたニーズを探り当てて先んじて応える洞察力と先見力も。あるいは、計画や運営のプロセスで、ある時は将来に向けての水先案内人となり、ある時には市民や関係者と伴走し、ある時には後ろで見守るという、時間の経過とともに変わる立ち位置に応じて行動する力も。さらには、事業そのものを立ち上げ、その中で建築が果たせる役割をきちんと提示し、実現する力も──。こう考えると、ある日請われて突如やってきて、役目が終わると去って行く、これまでの落下傘型の職能や職域とは一線を画するものであろうし、またひとりではできず、チームでの取り組みが必要になるのも想像にかたくない。

　現在の建築に関わる専門家の職域を拡張するという発想よりも、あらゆるものを統合的に捉え、社会性や倫理性、持続性をふまえて解答を提示し、実現しようとするプロジェッティスタのス

タンスに、細分化された現代の専門家の職能や職域を統合的に回復させていくヒントが見いだせるのではないかと、筆者は考えている。

［寄稿］

新しい社会の鏡としての図書館

アントネッラ・アンニョリ　（訳：多木陽介）

　相変わらず従来の形の書物の終焉が告げられ、どこへ行っても読書量の低下が見られる一方で、新しい形の図書館は、いつも利用者で溢れているが、当の利用者たちは、そこで提供される文化的内容よりも利用可能なスペースの方に関心があるようだ。図書館が本のためというよりも人々のために構想された場所に姿を変えると言うことは、単に事業内容が変わるだけでなく、特に場所の概念自体が変わってくることになる。確かに、どこかの図書館（特に郊外の小さい図書館）で数時間過ごすだけで、その場所が社会のあらゆる階層の人々に大変喜ばれているのがわかるが、大半の人々が行く理由は、個人的目的での利用というよりも、むしろ集団活動での利用が主流となっている。

　こうした図書館の現状と未来の姿の一例を、ニューヨークの図書館システムを描いたフレデリック・ワイズマン（Frederick Wiseman）監督の近作ドキュメンタリー映画『エクス・リブリス（*Ex Libris: The New York Public Library*, 2017）』で見ることが出来る。これは、デモクラシーについての映画であり、主要テーマは図書館と言うよりも、富裕層と貧困層に裂かれた都市であり、この分裂状態をどうやって和らげられるか、ということを描いている。確かに素敵な図書館が世界を救えるわけではないが、何千と言う貧しく、差別を受けた移民の青少年たちにとっては、救いになるだろうし、実際に救いとなっている。彼らはそこで様々な援助を受け、好奇心を取り戻し、力添えを得、刺激を受けることが出来るのだ。これは、それぞれの図書館が置かれた区域に相応しい対応をしているということでもある。大理石のライオンが入口にあるニューヨークの五番街のパブリックライブラリーは、貧しい地域の最前線で頑張る図書館とは異なる機能を果たしている。五番街の図書館での利用客の話題が啓蒙時代や時代物の版画だとすると、ブロンクスのコミュニティライブラリー

は就労面接の受け方についてのアドバイスや、家でインターネットに接続するためのキットの貸し出しに力を入れているのだ。

　そこには、ハンナ・アレント（Hannah Arendt）が言っていたようなデモクラシーの場所——つまり、人々の共通の関心事を巡っての会話や、公共空間でこそ生まれうる会話が交わされ、共通の関心事が目に見える形になった時にだけ生まれるコラボレーションの形が具体的な活動になり、差異を持ちながら平等である人間の姿が見えて来るような、総合施設としての図書館がある。

　この映画は他にも色々なことを教えてくれる。例えば、図書館のモデルはたったひとつではなく、今日では地元のコミュニティの必要に沿ってつくられた図書館しかあり得ないということ。また、専門家の間でこの30年来議論されて来たように、容れ物（建物）がどうあるべきか、そこにどんな家具を置き、コンセプトはどうあるべきか、ということはもはや論点ではなく、そこでいかなる業務や活動が行われるか、そして予算削減と新たな要請の間をどう調整しようかと頭を悩まし、都市の変貌や市民の必要について自問するスタッフのことが話題になっている。

　「液状化する社会」を描きながら、ジグムント・バウマン（Zygmunt Bauman）が指摘したように、絶え間なく変貌する都市を多くの人は悪しきものとして見ているが、我々は、この変容の様をもう少し違う視線で見ることが出来るかもしれない。図書館の提供する新しい業務の数々を省察することで、社会形態、日々の生活の問題、そして可能な解決を探るために必要になって来る手段と能力など、全体的な変化がより良く見えて来るのではないだろうか。

　現代というこの特殊な歴史的地点において、自分に残された可能性をどう利用出来るか、また利用しなければならないのかを理解出来ないと、図書館は消滅するか、その意義を全く失ってしまうだろう。

　市民が読書する場所としての図書館をつくったり、維持する必要が今日なお本当にあるのか、ということを真剣に問い直さなければならない。もし必要だと言える場合、大半の人々の無関心は辛いところだが、今日それがどんな場所であり、いかなる業務がなされるのかをはっきりさせなくてはならない。もはや従来通りの業務や情報への

1　*Liquid Modernity*, Polity Press, 2000、森田典正訳『リキッド・モダニティ——液状化する社会』大月書店、2001年

アクセス方法を提供しているだけでは成り立たないのだ。

　今では、スマートフォン１台あれば、どんな図書館、ミュージアム、アーカイブにも想定不可能なほど大量のコンテンツにアクセス出来る。図書館を通したら入手不可能、あるいは可能でも数週間かかるような本を、たった数秒で手に入れることも出来る。

　では、自宅ではなくロンドンまで行って、ナショナル・ギャラリーのコレクションを見た方が良いと思うのはなぜか。人々がオンラインで資料を集めるのではなく、サラボルサ図書館に通い続けるのはなぜか。それは、これらの場所が多様な機会に満ち、他者と向き合い、これまでとは違う新たな共同体が自らを表現する可能性を提供してくれる場所だという、ある確かなものを持っているからである。だが、こうなると、ただ蔵書の冊数や貸し出し数、登録者の人数という側面だけでなく、そこで交わされる「会話」の質と密度なども考慮しながら図書館の提供するサービスを分析する必要が出て来る。

　ここまでは、図書館に限らず、文化のためのあらゆる場所に共通して考えられるポイントであるが、図書館の場合、近年の変化はよりラディカルである。なぜならば、マルチユースのディバイスの登場とともに内容と媒体が分裂したことで、情報の利用や読書と言う経験が、大都市のありとあらゆる場所で可能になったからである。

　図書館は、かつてのように、それなりの能力を持った人間に役に立つエリート的な場所ではなく、ますます文化的社会的に不利な境遇にある人々を対象にしたソーシャルな場所になって来ている。また、従来の書物がそこに書かれてあった内容だけを包含していたのに比べ、デジタル化によって、可能性としては無限大の内容を取り込める媒体が手に入った。文化と情報の伝達手段の歴史においては、その手段と利用される資料の種類とそれらが利用される場所の間に緊密な関係があるのが常だったが、デジタル環境においてはその反対に、複数の作業といくつもの内容が、たったひとつの装置を通して全て同時に、しかも居場所に関係なく利用可能になったのである。

　社会的弱者である市民の存在、どこでもアクセス出来ること、移動時間、リアルタイムで多様な活動を可能にする場所、集団での活動を庇護する場所として必要とされる「第三の場所」の概念への回帰、これらが今後検討すべき要素となる。

　従って、パブリックライブラリーの

将来は、もう読書のためのマテリアル（書物）に関わる場所ではなく、むしろ知識との新しい形での関係性を育み、都市と現代人の関係を強化するための公共空間なのである。これは、階層的な空間概念を基盤とした、90年代に主流であったビジョンをラディカルに変革し、地域との近接性と場所を巡る新しい問題意識（利用者の移動状況だけでなく、どこにいても接続出来ると言う空間を越えたデジタル図書館の認識も含む）を基盤とした新しい図書館概念をもたらすものである。どのような新しい図書館プロジェクトも、より一層非階層的、非権威主義的な空間を基準にしてつくられるべきであり、建物は、資料、空間、利用者の間の関係システムを再検討することで、新たな構成を図られるべきなのである。こうした作業の結果は、ある地域とそこに通い生活する人々の必要性を考慮して設計された空間でしかあり得ない。住民参加型で考案され、議論され、実現されるプロジェクトだということだが、今日では、幼年層を始めとする市民の意見は欠くことの出来ない要素なのである。

おわりに

　ここまで、イタリアの「地区の家」と「屋根のある広場」を3つ取り上げ、それぞれから学び得る点を共有してきた。その中で私たちが明らかにしたかったのは、「みんなの場所」という意味での高い公共性を有した「公共建築」の要点についてである。誰もが使ったり関わったりする可能性を持ち、また自分の場所であるという帰属感が持てる場所づくりのポイントである。

　そこで最後に、「地区の家」と「屋根のある広場」の関係を俯瞰的に整理して、「みんなの場所」としての拠点（ハブ）づくりや、広くこれからの公共建築の計画やデザインへの気づきを記しておきたい。

1　拠点（ハブ）としての「地区の家」と「屋根のある広場」

　行政がつくって運営し、市民はその恩恵を享受するという日本の公共建築にいろいろな齟齬が発生してきた。その原因はこれまでに述べてきたとおりであるが、日本の公共建築に今まで必要だとして備えられてきた、もしくは求められてきた公共性の重心が変わりつつあるからと言っていいかもしれない。つまり、与える側の公共性ではなく、使う側自らが創り出す公共性への変化である。そのような問題意識から、本書ではイタリアの「地区の家」と「屋根のある広場」をいわゆる「施設」ではなく、「みんなの場所」そして「拠点（ハブ）」と表現できる場所として分析してきた。

　その拠点（ハブ）には、①空間（立地、建築空間）、②サービス（活動）、③運営（体制、人材）の3つの点がどれも欠けることなく備わり、かつこの3つが連携し、共鳴しあって、今まで以上の働きや新たな魅力を発信している。それが、「みんなの場所」としての拠点（ハブ）には不可欠なことと思われる。

2　拠点（ハブ）としての共通点

　一方、ビルディングタイプ計画論に基づいて建設されてきたこれまでの公共建築では、用途ごとの空間、サービス、運営の対応関係が重視され、その高度化と普遍化が目指された。これに対して「地区の家」と「屋根のある広場」から読み取れる拠点（ハブ）の特色としては、複数の用途のための空間、サービス、運営が融合しあい、創発しあっていることが挙げられる。また、拠点ごとがその立地する地域の課題等にいかに対応できているか、つまり、それぞれの拠点が向かい合う状況への適応性がそれらの特色を生み出し、さらに構想段階から運営段階までにわたる状況適応プロセスの中で、新しい空間やサービス、運営、協働体制などを柔軟に受け入れ、またそれが拠点づくりの原動力になっていると言えそうである。そこで、このような視点から空間、サービス、運営における重要なキーワードを掲げておこう。

① **空間**（立地、建築空間）
- 圏域立地論に代表される一律的な量の確保や用途との適合性から、都市・地域文脈を考慮した新たな空間の創成方法の展開へ。それは、多価値のレイヤーを重層的にしかもそれらが多様に関係し合いながら、その場所の価値を形成していく計画とでも言えるかもしれない。
- 経済性（地価等）や利便性（駅近等）等だけでなく、人間生活より生まれる価値（記録、記憶、アイデンティティ、つながり、創造等）も重視した計画、設計へ。

② **サービス**（活動）
- 最大公約数的対応、運営効率性（コスト・パフォーマンス）を重視した「制度ベース」のサービス（活動）だけでなく、個別対応、利用者満足重視サービスなど「ニーズ・ベース」のサービス（活動）も。

③ **運営**（体制、人材）
- 厳格なルールと明確な役割分担に基づいた、事前確定的で効率性重視の公共施設運営に対して、拠点（ハブ）の運営は柔軟なルールと個々人の専門性とともに他分野に対する適応力を持った、いわばT型の専門

性を備えた状況適応志向の体制による効果性を追求。
- 運営体制は、これまでが事前に業務の担当や責任範囲がほぼ決められている「ベースボール型」ならば、拠点（ハブ）の場合は「フットボール型」とでも言えるのではないか。一定の決まりはありながらも、状況次第で柔軟に時にポジション・チェンジをしたり複数の役割をこなすことを許容し、またそれが体制の活力源となる体制である。
- よって、それを支える運営者や専門家も、一芸を究めるような「武士道型」だけでなく、複数の名刺を持ち歩くような「マルチ・タレント型」が求められるのかもしれない。

3　拠点（ハブ）としての相違点

しかし、「地区の家」と公共図書館では拠点（ハブ）としての性格に違いもある。

① 　コミュニティ・ハブとしての「地区の家」
- 基本的に利用圏は徒歩圏である。よって、「地区の家」周辺の近隣コミュニティが相手になるため、必要になる空間とサービス、運営の固有の関係性が生まれる素地がそこにある。
- 運営者と利用者は顔が見える関係が形成できる。このことが「地区の家」への来訪や利用、滞在の習慣性を生み、愛着を育む。
- 使われる建築も民家、公衆浴場、工場といった身近で比較的小さな建築が候補場所になる場合は、既存建築であるために街の空間や社会文化の文脈に馴染んでいる。
- 一般化されたサービスやプログラムではなく、「地区の家」が立地する地域のコミュニティ固有の課題やニーズ、可能性に応じようとする志向性がある。
- 「地区の家」で働くスタッフ自身がその地域の住民である。また、利用者である住民だけでなく、運営者にとっても「地区の家」が地域の、また日常生活上の居場所のひとつである。
- よって、「地区の家」の公共性は Common や Open の側面が Official

のそれよりも強い。
- つまり、「地区の家」は「コミュニティ・ハブ」と名付けられる性格を有した「みんなの場所」である。

② シビック・ハブとしての「屋根のある広場」
- 利用圏は「地区の家」に対してより広い。交通網や駐車場の整備状況によっては、その利用圏は市域を超えて広がる可能性もある。
- 利用者とスタッフ、また利用者同士の関係は匿名性が高い。
- 立地が重要であり、中心街の公共建築、学校、大規模工場跡地といった一時代を築いた象徴的建築や敷地も拠点形成の候補場所となる。
- 従来のサービス（活動）をベースとしながら、今日的な社会的課題や市民ニーズに応じたサービス、プログラムを開発、実施することで公共図書館の可能性を開拓している。
- スタッフに求められる能力は幅広く、他分野の専門家との協働も含まれる。
- 「屋根のある広場」の公共性の特性は、「地区の家」と同じくCommonやOpenの側面がOfficialのそれよりも強い。
- つまり、「屋根のある広場」は「シビック・ハブ」と名付けられるような性格を有した「みんなの場所」である。

4　2つの拠点（ハブ）の相補性

　しかし、コミュニティ・ハブとシビック・ハブという2つの拠点は、どのように関係し合うのだろうか。これまでのビルディングタイプ毎の公共建築ネットワークは用途別のネットワークであり、各ネットワークの構造は階層（レイヤー）化されている。よって、積層するレイヤーの厚みが安全・安心で快適な都市生活を支える基盤になっている。しかし、基本的には各レイヤーは独立しているので、計画当初に与えられた役割や機能を超えて連携しあうなどといった連結性は基本的に弱い。例えば学校と公民館という、類似した空間を備える公共建築が隣接して、しかし別々に建設されるのはその一例である。

これに対して拠点（ハブ）のネットワークは、都市や社会の状況に従って構築される都市や地区のスケールの拠点（ハブ）が、同一次元上で相補的に連鎖し、市民はその中で目的に応じて、また生活のリズムやパターンの中で拠点（ハブ）を選択し、利用していく。市民も、シビック・ハブ、もしくはコミュニティ・ハブのどちらかではなく、両者のハイブリッドなネットワークの中で利便性や嗜好性等に基づいて選択していく。この「みんなの場所」としての拠点（ハブ）の相補性やネットワーク化は、これからの課題として考えていきたい。

5　拠点（ハブ）の空間デザイン

　最後に、拠点（ハブ）の空間デザインについて。繰り返しになるが、歴史性、社会・文化性、公共性といった都市・地域文脈をふまえた空間デザインが基本的スタンスとなろう。特にこれから増えるであろう既存建物の利活用では、新築に比べて一定の制限内で空間デザインが行われることになるが、それは空間デザインにとってマイナス要素ではない。既存建物が備える都市文脈や地域文脈に潜む各種の価値を見いだすことで、全体としてプラス要素を生み出すことに注力したい。

　そのためには、空間デザイン自体にも変化が必要だろう。社会や制度を拠り所に単位空間（ユニット）の積み上げでつくられてきた公共建築に対して、拠点（ハブ）のデザインには、利用の仕方やそのバリエーションを織り込むことができ、状況に応じて変化に柔軟に対応することができる「余白」のような空間や状態を用意しておくことが必要となるのではないだろうか。さらに、拠点（ハブ）の形成には、空間、サービス、運営の3つを孤立させず、創発的にデザインすることが不可欠である。そのためには建築をつくることの意味や射程範囲を今一度問い直したい。それはつまり、公共建築の設計や建設自体に留まらないということであり、従来の建築行為に加えて、アキッレ・カスティリオーニのデザインの本質に見える「透明な場所」づくりを私たちのこれからの目標とし、そこにこれからの公共建築の活路を見いだしたい。

謝辞

　本書の内容は、文部科学省の科学研究費補助金（課題番号25350001（代表 小篠隆生）、課題番号25630247および15K14083（代表 小松尚））を得て、5年間にわたって行われたイタリア各地の現地調査に基づいている。この現地調査では多くの方にお世話になったが、本書に快く寄稿してくださったアンドレア・ボッコ氏とアントネッラ・アンニョリ氏からは、現地調査の対象の選定や調査後の議論において、有益な助言や洞察的な示唆をいただいた。また多木陽介氏と田代かおる氏には、現地調査先との交渉や通訳、そして調査訪問の前後の時間での議論に辛抱強くおつきあいくださった。道中で語り合ったお2人との時間がなければ、調査だけでなくその後の分析、考察の深化はなかっただろうと思う。

　2015年度には、日本学術振興会の外国人研究者招聘事業（ID No.S15150（受入研究者：小篠隆生）により、アンドレア・ボッコ氏を日本に招聘し、日本各地で地域づくりの関係者を交えた議論ができたことは、本書を執筆する大きな後押しとなった。

　さらに、本書の編集においては、鹿島出版会の久保田昭子氏と川尻大介氏に編集者の視点から多大な助言や協力を得た。この場をお借りして心から御礼申し上げる。

2018年11月
小篠隆生
小松　尚

参考文献

——「地区の家」に関するもの

- www.casedelquartieretorino.org（CASE DEL QUARTIERE DI TORINO LA RETE「地区の家」のネットワークのウェブサイト）
- Emanuela Roman : Neighbourhood Houses Casa del Quartiere (CdQ) Torino (Italy), EU=MIA RESERCH REPORT, 2014.01
- www.comune.torino.it/urban2/download/newletter/urban2_07_mag.pdf（トリノ市URBAN IIのパンフレット）
- www.comune.tori o.it/urban2/cascinaroccafranca/struttura.html（トリノ市URBAN IIのウェブサイト）
- www.cascinaroccafranca.it/corsi/（カッシーナ・ロッカフランカのウェブサイト）
- Cascina Roccafranca: Documento strategico 2006 - 2010
- www.casadelquartiere.it（「地区の家」サンサルヴァリオのウェブサイト）
- Andrea Bocco: Local development and Urban requalification –A participated experience in San Salvario quarter at Turin, CONTROSPAZIO,No.109, vol.24, pp.14-25,2004
- Andrea Bocco : Supporto Tecnico Allo Sviluppo Locale Partecipato: Un'Esperienza nel Quartiere di San Salvario, Torino, Adriano Paolella, Consuelo Nava (a cura di), *La partecipazione organica. Metodologie progettuali tecnologia ed esperienze*, Falzea Editore, 2006, p.174-180
- sansalvario.org（地区発展事務所のウェブサイト）
- Agenzia per lo sviluppo locale di San Salvario : Progetto Casa del Quartiere a San Slvario, 2003.07
- Fotografie di Michele D'ttavio : 7°A EST DI GREENWICH Nuovi volti di un luogo chiamato Torino, CICSENE,
- www.sumisuratorino.it/home.html（スミズーラのウェブサイト）
- Agenzia per lo sviluppo locale di San Salvario: Progetto Casa del quartiere a San Salvario
- www.viabaltea.it（ヴィア・バルティアのウェブサイト）
- www.comune.torino.it/urbanbarriera/progetto/index.shtml（アーバン・バリエーラのプロジェクトを紹介するウェブサイト）
- Simone Devoti: Un welfare di vicinato, Working papers, Rivista online di Urban@it, pp.2-16, 2016.7 (Italian)
- 多木陽介『アキッレ・カスティリオーニ——自由の探求としてのデザイン』アクシス、2007年
- 多木陽介「サンサルヴァリオ・モナムール　イタリア・トリノ市のサンサルヴァリオ地区における真の共同体づくり」（優しき生の耕人たち——世界の新しいパラダイムを求めて）『AXIS』、vol.138、pp.140-145、2009年4月
- 小篠隆生、小松 尚「多機能型コミュニティ拠点の創成プログラム——トリノ市における「地区の家」を事例として」日本建築学会計画系論文集、82巻、737号、pp.1649-1659、2017年7月
- 脱工業化都市研究会編著『トリノの奇跡——「縮小都市」の産業構造転換と再生』藤原書店、2017年
- 土田 旭「コミュニティ施設の複合化（コミュニティセンター）をめぐって」日本建築学会『建築雑誌』96巻、1179号、pp.6-8、1981年5月
- 筧 和夫、菅野 實、湯田善郎「地域施設における複合化に関する調査研究（その1）コミュニティ施設の整備実態、複合化率」『日本建築学会大会学術講演梗概集 E』pp.485-486、1985年
- 筧 和夫、菅野 實、湯田善郎「地域施設における複合化に関する調査研究（その2）複合化形態について」『日本建築学会大会学術講演梗概集 E』pp.487-488、1985年
- 広田直行、山口高嗣「コミュニティ施設の複合化事例にみる共用スペースの構成——横浜市地区センターを対象として」『日本建築学会技術報告集』15巻、29号、pp.195-200、2009年
- 西野達也、神門香奈、平野吉信「中国地方における市町村合併に伴う公民館の再編状況とまちづくり拠点化に関する考察」『日本建築学会計画系論文集』75巻、667号、pp.2537-2545、2010年11月
- 三浦哲司「トリノ市の地区住民評議会——動態分析に向けて」『龍谷大学龍谷政策学論集』2巻1号、

- 的場信敬「トリノ市のガバナンス改革におけるサードセクターの戦略的価値」矢作弘、阿部大輔編『持続可能な都市再生のかたち』日本評論社、pp.67-79、2014年
- 日本建築学会編『まちの居場所——まちの居場所をみつける／つくる』東洋書店、2010年、pp.15-16、17-22、93-94、174-179
- 槇 文彦「漂うモダニズム」『漂うモダニズム』左右社、2013年
- 槇 文彦、真壁智治編著『応答 漂うモダニズム』左右社、2015年、
- 槇 文彦「［建築論壇］変貌する建築家の生態」『新建築』新建築社、2017年10月号
- 太田 實「風土と表現 北海道のコミュニティ・アーキテクトをめざして——状況への直言」『新建築』新建築社、1982年2月号

——「屋根のある広場」に関するもの

- www.bibliotecasalaborsa.it/home.php（サラボルサのウェブサイト）
- Comune di Bologna, Biblioteca Sala Borsa: Biblioteca Sala Borsa Dossier 2007-2012（サラボルサ図書館のデータ）
- Paola Foschi and Marco Poli: LA SALA BORSA di BOLOGNA Il palazzo e la biblioteca (THE SALA BORSA OF BOLOGNA The building and library), EDITRICE COMPOSITORI 2004
- Maurizio Bergamaschi: I nuovi volti della biblioteca pubblica Tra cultura e accoglienza, FrancoAngeli, 2015
- www.comune.cinisello-balsamo.mi.it/spip.php?rubrique107（ペルティーニのウェブサイト）
- Benvenuto Pertini. A Cinisello Balsamo una grande biblioteca pubblica per una c città che cambia, Biblioteche oggi, vol.XXXI-N.2, 2013.3（ペルティーニを紹介した雑誌）
- www.biblio.comune.settimo-torinese.to.it（アルキメデスのウェブサイト）
- www.erasmo.it/sbam_to_it/images/stories/file/SBAM_cartina.pdf（トリノ北東都市圏の公共図書館ネットワーク（SBAM））
- V. A. Lupo, "La fabbrica dei colori", Città di Settimo Torinese
- アントネッラ・アンニョリ著、萱野有美訳『知の広場』みすず書房、2011年
- アントネッラ・アンニョリ著、萱野有美訳『拝啓 市長さま、こんな図書館をつくりましょう』みすず書房、2016年
- 齋藤純一『公共性』岩波書店、2000年
- 小松 尚、小篠隆生「公共空間としてのボローニャ市立『サラボルサ図書館』に関する考察」『日本建築学会計画系論文集』82巻、739号、pp.2227-2237、2017年9月
- 猪谷千香『つながる図書館——コミュニティの核を目指す試み』ちくま新書、2014年
- 久野和子「『第三の場』としての図書館」『京都大学生涯教育学・図書館情報学研究』2010年、pp.109-121
- 日本図書館協会『中小都市における公共図書館の運営』1963年
- 根本彰『理想の図書館とは何か——知の公共性をめぐって』ミネルヴァ書房、2011年、p.56
- 根本彰『場所としての図書館・空間としての図書館——日本、アメリカ、ヨーロッパを見て歩く』学文社、2015年
- 植松貞夫「滞在型図書館（「施設」のなかの住居）」（［特集］「施設」の意味を問う）日本建築学会『建築雑誌』110巻、1370号、pp.44-45、1995年3月
- 李燕、小松 尚「地域の課題とニーズに基づくロンドンの区立図書館『Idea Store』の再編と都市・地域計画の関係」『日本建築学会計画系論文集』80巻、717号、pp.2449-2458、2015年11月
- 李燕、小松 尚「ロンドンの区立図書館『Idea Store』の立地及び建築空間と提供プログラムの関係」『日本建築学会計画系論文集』81巻、729号、pp.2371-2381、2016年10月
- 広井良典『創造的福祉社会——「成長」の後の社会構想と人間・地域・価値』ちくま新書、2011年

プロフィール

[著者]

小篠隆生（おざさ・たかお）
1958年生まれ。1983年北海道大学工学部建築工学科卒。2006年北海道大学大学院工学研究院准教授を経て、現在、一般社団法人 新渡戸遠友リビングラボ 理事長。博士（工学）。一級建築士。専門は、キャンパス計画、都市計画、都市デザイン、建築計画、建築デザイン。主な著作（分担執筆）には、Regenerative Sustainable Development of Universities and Cities（2013, Edward Elgar）、『まちのようにキャンパスをつくりキャンパスのようにまちをつかう』（日本建築学会、2020年）、『地域と大学の共創まちづくり』（学芸出版社、2008年）など。主な作品に、遠友学舎（2001年、日本建築学会北海道建築賞）、積丹町立余別小学校（2003年、文教施設協会賞）、東川町立東川小学校＋地域交流センター（2018年、北海道建築賞）、東川町複合交流施設せんとぴゅあ（2023年、公共建築賞文化施設部門）。主な活動として、2016年に東川町学社連携推進協議会で農林水産大臣賞を受賞（むらづくり部門）。

小松 尚（こまつ・ひさし）
1966年生まれ。1992年名古屋大学大学院工学研究科建築学専攻前期課程修了。2020年から名古屋大学大学院環境学研究科教授。博士（工学）。一級建築士。専門は建築計画。著書（分担執筆）にTowards the Implementation of the New Urban Agenda（Springer, 2017）、『まちの居場所』（東洋書店、2010年）、『地域と大学の共創まちづくり』（学芸出版社、2008年）など。公共建築計画・運営への指導・助言として、いなべ市石榑小学校（2002年～：公共建築賞優秀賞）、亀山市川崎小学校（2012年～）、松阪市鎌田中学校（2015年～：令和5年度 優良学校施設表彰部門賞）など。自治体の公共建築計画・設計に関する委員等も多数歴任。「キッズ・デザイン賞」（2010年）、「優れた『地域による学校支援活動』推進にかかる文部科学大臣表彰」（2012年）、「未来を強くする子育てプロジェクト 子育て支援活動 文部科学大臣賞・未来大賞」（2013年）などを受賞。

[寄稿者]

アントネッラ・アンニョリ　Antonella Agnoli
1952年、伊セルヴァ・ディ・カドーレ生まれ。現在、ボローニャ在住。1977年ヴェネツィア・スピネア図書館を開館させ、2000年まで館長。2001～2008年、ペーザロのサン・ジョヴァンニ図書館長。現在は伊レッチェ市で「文化、創造性、文化的遺産の活用部」の部長（Assessore alla Cultura, Creatività, Valorizzazione del patrimonio culturale, Comune di Lecce）として活躍中。本書でも紹介したボローニャ市立サラ・ボルサ図書館、チネゼッロ・バルサモ図書館ほか、グッビオのスペッリアーナ図書館など、数多くの図書館と協働。著書に『知の広場』（萱野有美訳、みすず書房、2011年、2017年新装版）

アンドレア・ボッコ　Andrea Bocco
建築家、トリノ工科大学建築学科建築技術専攻教授。1966年生まれ。建築家ではあるが、むしろ社会運動家、そして批評家として活躍する。大学院生だった1994年より、地域生活の再生に関わる問題に取り組み、本書でも紹介した、トリノの「地区の家」を創設し、長年ディレクターを務めた。著書に『評伝バーナード・ルドフスキー』、『石造りのよう柔軟な』（ジャンフランコ・カヴァリア共著、多木陽介訳、鹿島出版会、2015年）

[寄稿翻訳者]

多木陽介（たき・ようすけ）
演出家、アーティスト、批評家。1962年生まれ。1988年に渡伊、ローマ在住。演劇活動や写真を中心にした展覧会を各地で催す経験を経て、現在は多様な次元の環境（自然環境、社会環境、個人の精神環境）においてエコロジーを進める人々を扱った研究を展開。芸術活動、文化的主題の展覧会のキュレーションおよびデザイン、講演、そして批評と多様な方法で、生命をすべての中心においた人間の活動の哲学を探究する。著書に『アキッレ・カスティリオーニ──自由の探求としてのデザイン』（アクシス、2007年）、『（不）可視の監獄──サミュエル・ベケットの芸術と歴史』（水声社、2016年）など。

「地区の家」と「屋根のある広場」
イタリア発・公共建築のつくりかた

2018年 12月 15日　第1刷発行
2024年　5月 25日　第2刷発行

著者　　　小篠隆生・小松尚
発行者　　新妻 充
発行所　　鹿島出版会
　　　　　〒104-0061
　　　　　東京都中央区銀座 6-17-1 銀座6丁目-SQUARE 7階
　　　　　電話 03-6264-2301　振替 00160-2-180883

印刷・製本　壮光舎印刷
デザイン　　石田秀樹

© Takao Ozasa, Hisashi Komatsu 2018, Printed in Japan
ISBN 978-4-306-04670-2　C3052

落丁・乱丁本はお取り替えいたします。
本書の無断複製（コピー）は著作権法上での例外を除き禁じられています。
また、代行業者等に依頼してスキャンやデジタル化することは、
たとえ個人や家庭内の利用を目的とする場合でも著作権法違反です。

本書の内容に関するご意見・ご感想は下記までお寄せ下さい。
URL：https://www.kajima-publishing.co.jp/
e-mail：info@kajima-publishing.co.jp